对外开放新格局下陕西经济
高质量发展研究系列丛书

陕西高校青年创新团队建设项目（陕教2019〔90〕号）、陕西省社科著作出版资助项目（2022SKZZ019）、陕西省科技厅软科学研究计划项目（2023-CX-RKX-026）、西安翻译学院“双一流”建设项目。

对外开放新格局下陕西跨境电商生态系统与优化研究

杨 静 著

Research on Shaanxi Cross-border E-commerce Ecosystem and Optimization Based on the New Opening Pattern

中国经济出版社
CHINA ECONOMIC PUBLISHING HOUSE
·北 京·

图书在版编目（CIP）数据

对外开放新格局下陕西跨境电商生态系统与优化研究 / 杨静著. --北京：中国经济出版社，2023.8（2025.4 重印）

ISBN 978-7-5136-7394-5

Ⅰ.①对… Ⅱ.①杨… Ⅲ.①电子商务-运营管理-研究-陕西 Ⅳ.①F724.6

中国国家版本馆 CIP 数据核字（2023）第 136641 号

责任编辑 杨元丽
责任印制 李 伟
封面设计 任燕飞设计

出版发行 中国经济出版社
印 刷 者 北京艾普海德印刷有限公司
经 销 者 各地新华书店
开 本 710mm×1000mm 1/16
印 张 16.5
字 数 222 千字
版 次 2023 年 8 月第 1 版
印 次 2025 年 4 月第 2 次
定 价 69.00 元
广告经营许可证 京西工商广字第 8179 号

中国经济出版社 网址 www.economyph.com 社址 北京市东城区安定门外大街 58 号 邮编 100011
本版图书如存在印装质量问题，请与本社销售中心联系调换（联系电话：010-57512564）

总　序

开放是人类文明进步的重要动力，是世界繁荣发展的必由之路。全面贯彻新发展理念，必须全面提高对外开放水平，建设更高水平开放型经济新体制，形成国际合作和竞争新优势。党的二十大报告提出要推进高水平对外开放，稳步扩大规则、规制、管理、标准等制度型开放，加快建设贸易强国，推动共建“一带一路”高质量发展，维护多元稳定的国际经济格局和经贸关系。这充分表明中国的对外开放将不断向更大范围、更深层次、更广领域持续推进。当前国际、国内环境发生了巨大变化，我们要以开放纾发展之困、以开放汇合作之力、以开放聚创新之势、以开放谋共享之福，推动经济全球化不断向前。

陕西是亚欧大陆桥的重要支点，多条铁路、公路、航线在此交会，具有区位、科教、能源、文化、军工等优势。“一带一路”倡议，是时代赋予陕西开放发展千载难逢的历史机遇，也使陕西成为中国向西开放的前沿。作为不靠海、不沿边的内陆省份，陕西以开放促改革、促创新、促发展的思路，积极对接国家开放战略，抢抓机遇，放大优势，努力实现更大范围、更广领域、更深层次的对外开放，积极融入“一带一路”发展，坚持“引进来”与“走出去”相结合，围绕打造内陆改革开放高地目标，积极应对复杂严峻的国际贸易形势，推动陕西对外贸易迅速发展，对外开放水平大幅提升，经济外向度创历史新高。

党的十八大以来，陕西省对外开放成绩显著，外贸进出口取得了长足发展，外商直接投资实现了新飞跃。为补齐开放不足短板，陕西深度融入共建“一带一路”大格局，主动融入新时代西部大开发、黄河流域生态保护和高质量发展等国家战略，坚持以新发展理念推动高质量发展，为加快打造内陆改革开放高地提供了有力支撑。

一是进出口贸易呈现稳定增长态势。西安海关统计数据显示，2013—2021年全省累计实现进出口总值25080.06亿元人民币，年均增长19.8%，高于全国14.4个百分点。2022年1—8月，陕西省进出口贸易总值3207.7亿元人民币，较2021年同期增长3.6%。其中，出口1985.2亿元，增长21.9%；进口1222.5亿元，下降16.7%，同期贸易顺差762.7亿元。陕西省一般贸易进出口比重提升，对“一带一路”沿线国家、RCEP其他国家进出口保持增长。有实绩的外贸企业呈增长态势。截至2021年年底，陕西省进出口贸易伙伴共有221个国家和地区，尤其是韩国、中国台湾、美国、中国香港和日本五大贸易伙伴，2013—2021年在陕累计实现进出口总额16544.99亿元，年均增长23.8%。

二是“长安号”成为贸易“黄金通道”。中欧班列“长安号”国内“+西欧”线路达到19条，国际运输干线17条，基本覆盖欧亚大陆全境，覆盖“一带一路”沿线45个国家和地区。中欧班列高质量发展各项指标稳居全国前列，已成为运输时效最快、智能化程度最高、线路辐射最广、服务功能最全、综合成本最低的“五最班列”，集结中心在全国起到引领示范作用。

三是国际性综合交通枢纽建设加速。西安咸阳国际机场是中国北方第二大门户枢纽机场，西咸新区空港新城已联合机场累计开通全货运航线38条，其中，国际航线19条，覆盖首尔、东京、洛杉矶、莫斯科、布鲁塞尔、曼谷、德里等欧亚及北美13个国家18个城市，初步构建起“向西开放、向东集散、辐射全球”的航空网络。西安铁路枢纽是全国铁路六大枢纽之一，西安北站为亚洲最大火车站（18站台34线），将建成全国“米”字形高铁枢纽网，以西安为中心到主要省会城市的“高铁一日生活圈”初步形成。西安公路枢纽是全国公路六大枢纽之一，基本形成以“米”字形高速公路网和“一环十二辐射”为主骨架的公路网。

四是利用外资保持增长。2022年1—11月，陕西省新设外商投资企业274家，实际使用外资（FDI）13.6亿美元，超过2021年全年总量，为2021年全年的128.3%，规模居全国第19位；同比增长27.85%，增速居全国第12位。使用外资排前五位的分别是中国香港、英国、法国、韩国、日本。关中、陕北、陕南地区实际使用外资（不含国家天然气合作开发项目）分别占全省实际使用外资总额的92.08%、5.95%和1.97%。

随着“一带一路”建设的稳步推进，陕西对外开放迈出更大步伐，推动形成了“一核两翼四通道五中心多平台”的全方位联动开放新布局，自贸区、丝博会、欧亚经济论坛、杨凌农高会、秦创原等综合开放平台建设力度持续增大，与“一带一路”沿线国家的教育、文旅、医疗、考古、科技、媒体等多领域交流合作不断深化。但陕西的对外开放还存在区域内发展不平衡、产业结构仍需提升、开放创新动力不足等问题。如何破解陕西在对外开放新格局下面临的短板，政府、企业、高校等做了一系列的探索和研究。西安翻译学院作为一所地方高校，目前已发展成一所以文科、商科为主，以外语为特色，多学科协调发展，具有重要影响和鲜明特色的民办大学。近年来，学校积极服务地方经济发展，在学校相继获批国际经济与贸易、翻译、英语3个国家级一流专业建设点和11个省级一流专业建设点的背景下，学校的专业建设水平及服务地方经济发展的能力显著增强。对外开放新格局下陕西经济高质量发展研究系列丛书应运而生，此系列专著受到了陕西省社会科学界联合会和学校国家一流专业支持，主要从陕西口岸经济、陕西自贸区、陕西现代幸福服务业、丝路通道等方面展开深入研究，助力陕西经济高质量发展。

丛书的主要观点包括七个方面：一是口岸是国家的门户，自古以来，具有独特的政治、经济和文化属性，是打造内陆改革开放高地，激发高质量发展活力动力的重要平台和通道。对外开放新格局下，陕西应抢抓主动融入“一带一路”的黄金机遇期，探索陕西高水平开放路径和产业发展的核心优势，充分发挥口岸在开放型经济发展中的加速器和战略引擎作用。二是在中国推进更高水平的对外开放和推动高质量发展政策的进一步落实背景下，现代服务业将是社会发展水平提升的重要标志，陕西要瞄准国际标准，推动中国幸福服务业高质量发展，大力提升现代幸福服务业国际化水平，培育产业竞争新优势，促进经济迈向中高端水平。三是扩大对外开放同时为陕西金融业的改革与开放发展带来了前所未有的重大机遇和严峻挑战。陕西要从统筹金融资源、对接国家战略、深化金融供给侧改革、完善金融市场体系及加强金融监管协调方面提升陕西金融业综合竞争力，全力服务和融入新发展格局，实现陕西金融业高质量发展。四是陕西自贸试验区被赋予的责任是建设成为全面改革开放试验田，物流业的发展是重中之重。物流业要助力对外开放新格局，从物流政策框架构建、物流系统协同运作等方面促进陕西自贸试验区物流系统均衡、快速、稳定、可持续发展。五是数字经济作为新型的经济形态，要高质量服务贸易发展，尤其是在国内外复杂经济形势下，陕西要寻求适于发展跨境电商的优势产业，从跨境电商平台、跨境电商园区、产业基础、跨境物流、人才培养等方面寻找对策。六是自“一带一路”倡议提出以来，中欧班列为我国内陆城市的发展提供了动力支持，也为沿线国家经济发展搭建了桥梁。但中欧班列仍然存在运力不足、运输单据缺乏国际规则支撑、竞争激烈、往返班列失衡等问题，中欧班列的高质量发展对释放通道潜能，促进陕西对外开放和中欧市场的互联互通具有重要意义。七是提升对外开放水平，就必须强化世界眼光和世界市场意识。陕西要以更加开放的思维来对县域经济进行谋划布局，以陕西蓝田县为例，蓝田县要紧密对接陕西打造内陆开放新高地的新要求，形成“蓝田与西安共同成长，与世界良性互动”的主要方向、特色和追赶超越目标，发挥区位、交通、人文优势，实现“四化”全面发展。

此套丛书主要是西安翻译学院国际商学院基于学科专业发展方向，在一流学院建设经费、陕西省社科著作出版资助项目、陕西高校青年创新团队、校级科研团队建设的资助下出版的。研究人员分别从不同角度围绕对外开放新格局，为陕西经济高质量发展出谋划策。每本著作从选题、论证、撰写到最终成稿，都经过多次修改和完善。丛书的顺利出版，是对研究人员多年研究成果的总结。期望其对地方经济的发展有所参考，使更多的读者受益。

西安翻译学院校长 崔智林

2022 年 10 月

前言

2013年以后，我国政府在物流、海关监管、跨境电商园区、平台、税收等多方面出台跨境电商政策，促进我国跨境电商的迅速发展，跨境电商交易额在我国外贸中所占的比重逐年上升，已成为贸易发展新的增长点。在微观、宏观层面上，跨境电商的发展和跨境电商生态系统发展密不可分。陕西作为内陆地区，和东部沿海地区相比，跨境电商发展较为缓慢。在当前国家鼓励数字经济发展的背景下，陕西应紧抓契机，积极发展跨境电商这一外贸新业态，以实现陕西高质量发展。

首先，本书以生态理论、共生理论、企业生命周期理论、市场准入制度理论、交易成本理论及比较优势理论作为跨境电商生态系统的理论基础，分析以上理论对跨境电商产业发展的适用性。其次，跨境电商生态系统的发展与系统内的个体、种群、环境密切相关，根据跨境电商生态系统种群，借鉴阿里巴巴跨境电商生态系统的结构构成，结合跨境电商的运营重新构建跨境电商生态系统。本书认为跨境电商生态系统由内而外由核心层、基础层、服务层、外部层构成，其中核心层以跨境电商平台为主，基础层以适于发展跨境电商的优势产业为主，服务层以入驻跨境电商园区的相关服务业为主，外部层以政策环境、人才培养以及规则层面的制度为主。

陕西地处内陆，跨境电商产业发展空间较大，中欧班列、跨境电商平台、支付方式、政府政策等为陕西跨境电商的发展提供了助力。在内陆省份中，陕西跨境电商具有一定的竞争力，本书借助 ANP－TOPSIS 模型测度了我国 2015—2019 年包括陕西在内的 18 个内陆省份跨境电商竞争力，得出产业条件和物流条件的改善能够显著提高陕西跨境电商的发展竞争力。根据以上结论，陕西的产业条件和物流条件是本书重点研究内容之一。

结合重构的跨境电商生态系统，根据陕西跨境电商发展现状，从层级层面上分析跨境电商平台、产业基础、跨境电商园区、跨境物流、人才培养的发展现状及存在的问题，借鉴其他地区经验，提出优化对策，以期从总体上推动陕西跨境电商生态系统的协同发展。

本书兼具学术性和综合性，无疑将促进对跨境电商生态系统及陕西跨境电商产业的进一步研究，对于跨境电商研究人员、对外贸易企业管理人员、跨境电商相关行业的从业人员、跨境电商政策的制定者而言，具有一定的借鉴意义。

杨　静

2022 年 12 月 30 日

目　录

1 绪 论

1.1 研究背景

1.1.1 国家全方位出台跨境电商政策

跨境电子商务作为新型外贸方式，属于不同的贸易主体（个人或企业），通过电子商务平台达成交易、支付结算，并采用跨境物流配送货物，完成国际贸易的商务活动。在国家一系列政策的扶持下，我国跨境电商迅速发展。2012 年我国开始跨境电商试点工作，2013 年以后，国务院、海关总署、商务部等陆续发布促进跨境电商发展的各种文件，如《关于促进进出口稳增长、调结构的若干意见》（2013 年 7 月）、《关于支持外贸稳定增长的若干意见》（2014 年 5 月）、《关于加快培育外贸竞争新优势的若干意见》（2015 年 5 月）、《关于促进跨境电子商务健康发展的指导意见》（2015 年 6 月）、《关于跨境电子商务综合试验区零售出口货物税收政策的通知》（2018 年 9 月）、《关于跨境电子商务零售进出口商品有关监管事宜的公告》（2018 年 12 月）、《国务院关于同意在石家庄等 24 个城市设立跨境电子商务综合试验区的批复》（2019 年 12 月）、《关于扩大跨境电商零售进口试点的通知》（2020 年 1 月）、《海关总署关于跨境电子商务零售进口商品退货有关监管事宜公告》（2020 年 3 月）、《关于同意在雄安新区等 46 个城市和地区设立跨境电子商务综合试验区的批复》（2020 年 5 月）、《国家外汇管理局关于支持贸易新业态发展的通知》（2020

年5月）等，上述文件中提到通过培育跨境电子商务平台和企业来规范“海外仓”，规范B2B（Business - to - Business）、B2C（Business to Customer）发展与监管，多省市设立跨境电商综合试验区，优化跨境电商相关税费的跨境代垫等，以促进跨境电子商务的发展。

1.1.2 跨境电商快速发展

海关数据显示，2008年金融危机后，我国外贸进出口额增长率明显下降，2010—2020年我国进出口额比上年增长率分别为34.7%、22.5%、6.2%、76%、3.4%、-8%、-6.8%、11.4%、9.7%、3.4%、1.9%。2021—2022年，我国外贸进出口实现了较快增长，增长率分别为21.4%、7.7%。跨境电子商务作为一种新型外贸模式，在货物进出口中所占的比重逐步上升，即跨境电商行业渗透率快速上升，2013—2022年我国跨境电商渗透率分别为12.2%、15.9%、22%、27.5%、29%、29.5%、33.3%、38.9%、36.3%、37.3%。目前我国跨境电商以出口为主，进口比重逐年增加，2013—2022年，我国跨境出口电商交易规模从2.7万亿元增长至12.3万亿元，复合年均增长率达18.4%；我国跨境进口电商交易规模从0.5万亿元增长至3.4万亿元，复合年均增长率达23.7%。以上数据显示出跨境电商作为新的外贸方式在我国进出口总额中所占的比重逐步上升，正逐渐成为我国贸易发展新的增长点。在微观、宏观层面上，跨境电商的发展和跨境电商生态系统的发展密不可分。

1.1.3 促进陕西跨境电商发展的必要性

跨境电商生态系统是商业生态系统在跨境电子商务产业应用的产物，关联了互联网经济、跨境贸易、商业生态系统3个概念。跨境电商生态系统是一个以完成不同国家之间的线上交易为目的，聚拢具有协同联系、相互依存、相互影响关系的不同个体、企业及组织的共生系统。陕西地处内陆，由于地理位置及多种历史遗留因素，跨境电商发展相对缓慢，竞争力较为薄弱。跨境电商包括多个部门与环节，任一环节发展滞后都不利于跨境电商整体的发展，因此在国家的大政方针下立足陕西，提出跨境电商生态系统，对系统中的各个成分进行分析，缓解制约陕西跨境电商发展的问题，促进跨境电商的发展就显得十分必要。本书结合陕西省跨境电商发展状况构建陕西跨境电商生态系统，对其组成部分进行评价分析，以期从生态系统的角度提出推动陕西跨境电商发展的对策。

1.2 研究现状

1.2.1 商业生态系统发展与内涵

"生态"指生物在一定自然环境下生存、生活和发展的状态，包括生物的生理特征、生活习性、生物之间以及生物与环境之间的联系。"系统"本义是指由各个不同的部分组成的整体。"生态"与"系统"共同组成了"生态系统"。首次提出生态系统概念的英国学者 Tansely 把生态系统看作一个系统的整体，这个整体是包含了各种各样的生产者、消费者和分解者的有机复合体。

美国学者 James F. Moore（1993）首次在企业竞争战略中引入生态学的观点，Moore 认为自然界中的物种必须相互协调发展才能更好地适应环境并共同进化，才能在整个生态系统中共同生存。James F. Moore（1996）明确提出"商业生态系统"的概念且认为商业生态系统本身就是一个完整的经济联合体。在 20 世纪末 21 世纪初，国外学者 Kalakota（2002）、Hagel（1999）、Tapscott（2000）等提出了电子商务活动不仅包含整个交易过程中的各种商业活动，还包括辅助性的其他互联网活动。这里强调了参与交易的买卖双方、金融支付服务机构和所有提供其他服务的合作伙伴。Moore（1998）、Lewin（1999）定义了商业生态系统理论不同于其他理论的基本特性和应用基础。商业生态系统理论涵盖了更多的系统成员和系统要素，更强调进化的过程中生态关系对系统内成员的影响，更关注其对环境的适应能力。他们从3个层面，即由多个商业生态系统所构成的产业经济系统层面、商业生态系统层面、生态系统构成元素层面，揭示了商业生态系统理论自身的规律，并将研究理论应用在企业的具体竞争战略中，包含了理论本身的创新点和应用实践意义等。Peltoniemi 和 Vuori（2004）认为其是一个动态结构系统，这个系统由具有一定程度关联的组织构成，可能包括企事业单位及其他与该系统有关联的机构。刘跃所（2004）、陈建煌（2004）认为商业生态系统是中国商务集群化发展的必然结果，应该包括核心企业、软件公司、供货商、物流公司、广告公司、资质认证机构和第三方支付金融机构等多类组织。商业生态系统是生产消费过程中以产品为载体，以满足消费者的需求为系统核心，在信息流、物流、资金流的作用下，系统成员共同创建并进行优势互补，实现效能增值，有效维持价值收益最大化的一个有机整体。

1.2.2 电子商务生态系统理论

电子商务生态系统理论是将“商业生态系统”的概念借鉴到电子商务领域。阿里巴巴公司副总裁梁春晓（2008）提出电子商务生态系统是互联网交易的产物，是由与其有关联的个人、机构及商业环境所构成的集合体。胡岗岚（2010）深入研究了中国平台型电子商务生态系统发展规律和组织特点，在生态系统的治理机制即关系治理、协作治理、信息治理、利益治理4个方面，以及制度建设方面提出了建议。就中国出现的电子商务生态化现象，胡岗岚、卢向华和黄丽华（2009）以阿里巴巴集团为例，提出并定义了电子商务生态系统的概念，梳理了阿里电商生态系统的衍生发展过程。研究发现分属不同经济实体成员间的冲突会影响电子商务生态系统的总体效益，各成员间的协调问题成为制约电子商务生态系统进一步发展的主要因素。Lansiti 和 Richard（2006）认为电子商务生态系统的优势具体表现为差异化优势明显以及竞争能力增强等。最突出的特征在于强调成员之间的共生关系，使整个生态系统中成员组织相互协调，保证每个局部系统都良好运转，使得生态系统内部整体趋于良性循环，更注重系统对外部环境的适应能力，以便实现生态系统的共同进化以及共同发展。

1.2.3 电商生态系统构建与扩展应用

在对电商生态系统的演化路径进行探索和对中国电子商务产业集群化的现象进行解释时，胡岗岚（2009）采纳了商业生态系统理论，据此定义并对电子商务生态系统物种分类，同时尝试将电子商务生态系统演化路径归纳总结为 4 个主要阶段：开拓—扩展—协调—进化。对比传统商业生态系统与电子商务生态系统特征，分析并提出了电子商务产业发展过程中系统边界的模糊性是电商生态系统的一个重要特征。从实证的角度以阿里巴巴为例，通过分析作为领导种群的物种的结构与演化路径，验证了电子商务生态系统理论的有效性和合理性。闵惜琳和姚锐（2007）分析了各主体在电子商务生态系统中的地位并明确其发展定位，以此为基础促进形成新的电商生态系统，同时找到适合各个系统之间竞争发展定位的新方向。

除电子商务生态主体以外，电商生态系统还受到包括社会政策环境、政府法律环境、人力资源环境和信息技术等因素的影响。通过在全球范围调查分析电子商务生态的发展，Zhu 和 Thatcher（2010）认为在电子商务发展的初期，能促进电子商务生态的快速形成和发展的因素包括良好的基础设施、政府政策的支持和高效的法律环境。Tian（2014）认为生态系统每个主体的发展都存在相互的作用和影响。内外部各环境的变化都受到整个电子商务生态大环境的影响。当每个子系统都处在健康与和谐状态时，整体生态系统才能处于良性状态。同理，整个生态系统的和谐发展和演化才能使系统中的各个成员实现良性成长。Liu 等（2015）从应用的角度着手，关注电子商务生态系统在移动支付方面的实现模式与安全性问题。他通过对电子商务生态系统中包括的交易双方、外部竞争者、管理者等各参与主体进行分析，阐述了各自的战略定位及在促进电子商务生态系统发展过程中应当采取的措施。

1.2.4 跨境电商生态系统领域

随着跨境电商的发展，学术界将电商生态系统的研究扩展到跨境电商生态系统领域，目前此类研究主要集中在3个方面。

第一，学术界对跨境电子商务各环节存在的问题进行分析并提出相关对策。杨坚争（2014）认为中国的跨境电子商务在电子支付、通关、物流等方面都存在问题；崔雁冰（2015）、王娟娟（2016）等认为，跨境电子商务发展必须着力于加强跨境支付、跨境物流、云技术、大数据平台等的相关配套建设。

第二，学术界对跨境电子商务与物流快递等协同发展展开研究，定量分析跨境电子商务与物流支持的协同关系，进而提出相关建议。武淑萍（2016）等认为，电子商务系统与快递物流服务系统的协同发展处于缓慢上升阶段，应当通过技术研发、基础设施、快递云平台建设来提升现代物流发展水平；刘有升（2015）等认为，跨境电商与现代物流复合系统的协同发展目前处于较低水平，现代物流的发展制约了跨境电子商务的发展；张夏恒（2016）等认为，跨境电子商务发展比跨境物流发展快，跨境电子商务生态系统与跨境物流系统尚未达到协同发展的层次；戴明华（2017）等通过定性分析跨境电子商务和物流产业的关系，提出了跨境电子商务与物流产业链融合发展模式；张国宝、汪伟忠和汪琦（2021）通过实证分析得出物流快递、信息化等与跨境电子商务的协同耦合度增长相对较快，对跨境电子商务支持作用明显。

第三，学术界主要围绕跨境电子商务生态系统发展，以定性分析为主，探讨和分析跨境电子商务生态系统的构建、影响因素，但是此类研究目前较少。西班牙塞维利亚欧洲委员会联合研究中心未来技术研究所工作人员艾斯瑞拉·戈麦斯·海瑞拉（Estrella Gomez - Herrera，2014）分析了阻碍欧洲跨境电子商务发展的主要因素。王子越（2017）界定了全产业链跨境电商生态系统的概念，并构建了基本模型。张兰生（2020）以跨境电商生态系统为研究对象，分析其协同发展的影响因素和协同演化模式，并探究促进跨境电商产业发展的对策建议。刘江伟（2020）构建了基于平台的跨境电商生态系统。上述研究成果为我国跨境电子生态系统发展奠定了良好的研究基础，但是目前针对省域跨境电子商务生态系统发展的研究相对较少，缺乏对省域跨境电子商务生态系统构建及协同性发展的测度和衡量。跨境电商作为一种新型外贸方式，其在对外贸易中的占比逐年上升。在国家陆续出台各种政策推动跨境电商发展的契机下，本书立足陕西，构建陕西跨境电商生态系统，结合陕西的跨境电商发展情况，从核心层、基础层、服务层、外部层 4 个层面分析陕西跨境电商生态系统存在的问题，并提出相应对策，以推动陕西跨境电商的发展。

1.3 研究价值

1.3.1 理论价值

跨境电商发展迅速，但是对跨境电商生态系统的研究较少，尤其是对陕西跨境电商生态系统的研究更少。因此，通过构建陕西跨境电商生态系统，对跨境电商平台、跨境物流、产业基础等进行评价分析，有助于完善跨境电商生态系统理论。

1.3.2 实践价值

跨境电商本身就是一种 B2B、B2C 形式的对外贸易，是全新的电子商务发展模式。随着全球经济共同体的发展，跨境电商逐渐成为经济发展的新热点。本书认为，通过分析陕西跨境电商生态系统，对其存在的问题进行评价，提出相关对策，对于树立陕西跨境电商品牌形象、积极打造陕西跨境电商平台、完善陕西交通建设、打造陕西集约化物流中心、进一步优化陕西产业结构、大力发展陕西第三产业等都具有重要的实践价值。

1.4 研究思路

本书以促进陕西省跨境电商发展为基本目标，以陕西省跨境电商生态系统涉及的主体与层级结构为研究对象。具体思路如下：

第一，理论支撑。梳理国内外生态理论、共生理论、企业生命周期理论、市场准入制度理论、交易成本理论及比较优势理论，分析以上理论对跨境电商的适用性，为陕西跨境电商生态系统的提出提供理论支撑。

第二，跨境电商生态系统的构建。参考跨境电商生态系统种群与阿里巴巴跨境电商生态系统下的生态结构构成，从核心层、基础层、服务层、外部层4个层面构建跨境电商生态系统。

第三，陕西跨境电商发展现状与竞争力分析。在分析陕西跨境电商发展现状的基础上，遵循科学性、全面性、可靠性和合理性等原则，以我国内陆省份为研究对象，分别从经济因素、环境因素、技术因素、物流因素4个方面出发，构建了11个二级指标，30个三级指标，用来综合评价内陆地区跨境电商发展竞争力，确定了显著提高陕西跨境电商发展竞争力的因素。

第四，陕西跨境电商生态系统的问题分析。结合整体和个体的关系，从陕西跨境电商系统的层面角度分析其存在的问题。核心层：对陕西跨境电商平台发展及平台适用性进行分析。基础层：对陕西适合发展跨境电商的产业及存在的问题进行分析。服务层：对陕西跨境电商园区、跨境物流发展及存在的问题进行分析。外部层：对陕西跨境电商人才培养存在的问题进行分析。

第五，陕西跨境电商生态系统优化对策。借鉴广东、杭州、成都、郑州发展跨境电商的成熟经验，针对陕西跨境电商生态系统存在的问题提出具体的优化对策。具体研究见技术路线图，如图1-1所示。

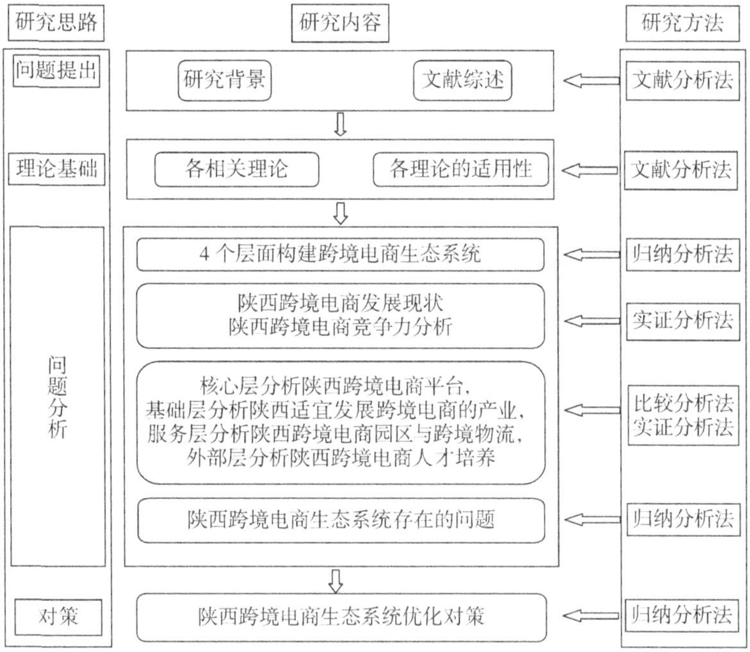

图 1-1 技术路线

1.5 主要研究方法

1. 文献分析法

文献研究法大体表现在两个方面：一方面，以“跨境电商”“陕西跨境电商”“生态系统”“商业生态系统”“生态理论”和“共生理论”等为文献检索的关键词，搜集大量相关文献，以陕西跨境电商、生态系统、商业生态系统等相关研究为主线，分模块对这些资料进行梳理，归纳总结国内外相关研究成果及其存在的空白，以此作为跨境电商生态系统构建和改善研究的有益补充。另一方面，广泛收集国家和陕西的跨境电商政策及相关政策文件、管理制度规则、财政支持等宏观层面的资料和数据，为本书研究提供支持。

2. 比较分析法

采用纵向分析法，从核心层、基础层、服务层、外部层 4 个层面分析陕西跨境电商各主体的发展与变化；采用横向分析法，比较郑州、杭州、广东、成都跨境电商园区的发展，总结其发展经验。

3. 归纳分析法

借鉴前人对跨境生态系统的分析，归纳出跨境电商生态系统由内而外由核心层、基础层、服务层、外部层构成；结合陕西以上 4 个层面的发展现状，分析其存在的问题，并提出相应的优化对策。

4. 实证分析法

借助 ANP - TOPSIS 模型，综合评价内陆地区跨境电商发展竞争力，得出显著提高陕西跨境电商发展竞争力的因素；借鉴层次分析法对跨境电商平台系统对陕西出口跨境电商企业的适用性进行评价。

1.6 创新之处

创新点一：选题新颖。目前针对陕西跨境电商的研究较少，本书立足陕西，对陕西跨境电商发展进行研究。

创新点二：研究角度新颖。本书结合跨境电商生态系统框架，从核心层、基础层、服务层、外部层 4 个层面对陕西跨境电商生态系统进行分析，根据整体与个体的相互关系，结合陕西跨境电商的发展与运营，分析当前存在的问题，提出相应对策，以期促进陕西跨境电商生态系统的协调发展。

2

理论基础

2.1 生态系统理论

2.1.1 理论概述

1. 系统的概念与内涵

“系统”是由相互之间存在联系但彼此又独立运行的个体所组成的整体，目前广泛应用于自然科学、人文哲学等领域。系统论包括经典系统论和现代系统论，经典系统论重点研究系统的整体性，认为系统论是对“整体”和“整体性”的科学探索。现代系统论重点研究整体与个体的关系，认为系统是整体和个体的统一，整体性只是系统的属性之一，但整体性并不等于系统，因而在分析系统的时候应当对整体与部分、结构层次及周围环境的相互关系进行分析，在重点把握整体的同时兼顾部分，辩证地将整体和个体结合起来进行分析，只有这样才能真正地认识系统。

2. 系统的特性

系统是由多个个体构成的整体，在运行的过程中，各个个体先独立运行，再彼此相互影响，并且会和外界产生关联，易受外界因素的影响。因此系统具有整体性、层次性、开放性的特点。

首先，生态系统作为一个系统，具备系统最基本的特征——整体性。整个生态以生产者、消费者、分解者为主体，各主体具有统一的生存方式及一致的目标。

其次，生态系统作为一个系统，具有明显的结构和层次。无机环境和生产者、消费者、分解者以及众多的有机生物共同组成了复杂多样的生态系统，并且各个体之间的相互依赖和作用、食物链的存在以及随时间变化的特征使得生态系统具备了清晰分明的结构和层次。

最后，生态系统作为一个系统，具有开放性。生态系统除了内部各主体之间的相互影响之外，还不断地与外界进行物质、信息和能量的交换，从外界吸收新成员的同时又不断对外输出。此外，自我组织和调节也是生态系统的重要特征，它使得系统得以形成并且能够维持平衡和“健康”。

从更广泛的角度而言，一个由若干个个体组成的系统必然从属另一个更庞大的系统，系统运行时，各个子系统之间、子系统与该系统的外部环境之间通过互相结合、互相制约进行信息交换，使系统之间产生关联。生态系统的动态发展性能让它不断更新、演进，保持着生命的活力。系统按其运行规律运行，系统内个体运行的有序性决定了系统的平稳性，系统内个体的发展变化决定了系统的动态性，系统运行表现为系统整体的变化及个体的变化，最终推动了系统的演进。

3. 系统的分类

系统按照不同的标准有不同的种类。按照系统与环境之间关系的不同，可分为封闭系统与开放系统。封闭系统下整个系统是一个闭环，系统个体与外界只是进行简单的能量、信息交换，没有物质交换。封闭系统是固定不变的，但是在一定的条件下，可以实现向开放系统的演进。开放系统是客观世界中普遍存在的系统，其开放性在于其不断地与外界进行物质、能量及信息的交换，通过交换不断推动系统内部个体的发展，最终实现系统整体的变化、演进。

按照系统在不同时间是否会发生变化，状态是否稳定，可将其分为静态系统和动态系统。静态系统相对比较稳定，不会随着时间的变化而发生变化，系统与外界的物质信息和能量交换处在一个相对稳定的状态。动态系统是指随着时间的变化，系统内的个体不断发生变化，形式上表现为系统的变化，最终实现系统的演进，它通常会呈现周期性演变。

4. 生态系统的结构

“生态系统”一词由生态和系统共同构成。生态是指生物体在一定自然环境中生存、发展的状态，除此之外还包括生物体的生理特征、生活习惯、它们彼此之间以及它们与环境的相互关系。在对生态系统构成的研究中，英国学者 Tansely 认为生态系统作为一个整体系统，首先是一个动态系统，其次作为自然界中的一个基本单位，其数量和种类众多。其主要包括构成系统的个体和外部环境，具体包括各种各样的生产者、消费者、分解者以及由非生物的物质和能量组成的无机环境，由于各种各样的生产者、消费者、分解者被称为生物有机复合体，因此生态系统也被认为由生物有机复合体和无机环境两大部分组成。生物有机复合体和无机环境之间进行信息、能量的交换，相互分工协作，支撑着系统的运行。

自然界系统的运行通过各生物群体间，以及它们与环境之间的物质、信息和能量的交换来产生联结，这也是系统实现能量流动和物质循环功能的基础。在具体分工方面，生产者、消费者、分解者通过不同的分工，共同助力生态系统的能量转换。其中植物和光合细菌作为生产者与外界进行能量交换，通过利用无机环境中的能量来合成有机物为消费者提供食物，为分解者提供栖息地；细菌、真菌及腐生生物作为分解者，将有机物分解成无机物，以便生产者重新合成有机物；消费者在生态系统中起到加快物质循环和能量流动的类似“催化剂”的作用；作为整个生态系统不可或缺的物质基础，无机环境为生物群体提供水、空气、无机盐与有机质等，供生产者、消费者、分解者生存及进行能量的转换。这几个个体相互依赖、相互作用，共同推动生态系统的运转与演进。

5. 生态系统的功能

生态系统的功能包括物质循环和能量流动。物质循环主要是生态系统中各种无机物通过能量的转化从环境到生物体，再从生物体到环境并再次被生物体吸收利用，持续在生物群体和无机环境之间反复地出现、流动和循环变化的过程；能量流动主要是基于取食关系，食物链中的个体吸收生态系统中被生产者转化的能量，最后通过分解者的作用，吸收的能量又回归于环境的动态全过程。在此过程中，能量具有单向、逐渐递减的特点。物质循环和能量流动两者相辅相成，共同构成了生态系统的两大功能，它们不仅平衡生态系统中个体之间的关系，确保生态系统的稳定性，而且推动着系统的演进和发展。

2.1.2 生态系统理论对跨境电商的适用性

习近平总书记指出："唯物辩证法认为，事物是普遍联系的，事物及事物各要素相互影响、相互制约，整个世界是相互联系的整体，也是相互作用的系统。坚持唯物辩证法，就要从客观事物的内在联系去把握事物，去认识问题、处理问题。"[①] 系统论要求在整体与个体、个体之间、层次之间、系统个体与外部环境之间相互联系、相互作用的动态过程中认识事物、把握规律，确保系统的稳定，进而从总体上实现功能优化。

1. 系统整体性对跨境电商的适用性

生态系统作为一个系统，整体性是其最基本的特征。跨境电子商务作为一个整体，包括跨境电商相关企业、个人等个体，通过个体的发展，共同推进跨境电商整体的发展，而整体的发展又反过来为个体的发展提供更好的环境，带动个体的发展。整体和个体不断相互促进，发展进入良性循环。因此，要将跨境电子商务作为一个整体，考虑个体与整体的共同发展。

---

① 成长春，汤荣光．以系统观念统筹谋划经济社会发展［EB/OL］．（2022－01－24）［2022－10－01］．http://www.qstheory.cn/qshyjx/2022－01/24/c_1128295004.htm.

2. 系统开放性对跨境电商的适用性

开放性指的是系统中的个体不断与外界交换信息、物质和能量，持续发展的过程。跨境电商运营企业通过开放性和外界进行交换，完成信息的传递。电商企业通过在平台上传产品、寻找合作伙伴、发布商机等行为，在推动平台发展的同时，也为各企业带来更多的商机，彼此相互促进，共同盈利。跨境电商的个体在开放的过程中，随着外部政策的改变而不断发生改变，同时个体在改变中的行为又不断影响外界的政策，最终实现彼此相互作用、共同进化。

3. 系统层次性对跨境电商的适用性

根据系统论，系统的运行具有一定的层次性，因此对系统的分析不仅是整体与个体的分析，也要关注系统层次的相互关系。跨境电商体现整体与个体之间的相互结合、相互制约，个体之间在彼此的层次结构中通过物质和信息的交换相互依赖、相互作用，并与外部环境产生互动。因此，分析跨境电商个体时应当在结构层次中进行，只有这样才能真正地认识跨境电商。本书根据跨境电商生态系统中各成员作用的不同，将其归入相应的层级，各成员通过不同层次之间的关系传递信息，推动跨境电商的发展。

2.2 商业生态系统理论

2.2.1 理论概述

在生态系统理论的基础上，James F. Moore（1996）明确提出“商业生态系统”的概念且认为商业生态系统本身就构成了一个完整的经济联合体，这个系统由具有一定关联程度的组织构成，具体由消费者、供应商、主要生产者、其他的风险承担者、金融机构、贸易团体、工会、政府以及类似政府的组织等构成。Moore 提出从顾客、市场、产品和服务、过程、结构风险承担者和社会环境等 7 个方面了解商业生态系统的功能、结构及其发展状况。

2.2.2 商业生态系统理论对跨境电商的适用性

商业生态系统是生态系统在商业运行中的体现，能量交换的主体由自然界生态学上的主体转变为具有稳定组织结构的社会主体。商业生态系统围绕一个或多个中心个体，通过与中心个体有联系的主体的聚集，彼此在相互作用、相互影响中传递信息、创造价值。

对于跨境电商而言，主体是电商活动中的活跃部分，包括交易双方以及与之相关的原料供应商、渠道代理商、品牌商、软硬件供应商，以及物流、结算支付等交易服务商。跨境电商主体是在一定环境中运行的，涉及法律政策、招商环境、经济政策、文化、技术创新以及行业竞争形势等，运行过程中各商业主体彼此之间通过联系完成跨境电商的交易。

我们把跨境电商主体构成的系统称为跨境电商生态系统，可以看出跨境电商生态系统是商业生态系统在跨境电子商务产业应用的产物，具备互联网经济、跨境贸易、商业生态系统三者的特征，是三者共同作用结果的呈现。其中互联网经济基于网络技术，以一般等价物为媒介，实现商品流通，体现网络经济对人类活动的作用。跨境贸易是分属不同关境的交易主体通过网络传递信息，形成贸易流、信息流、资金流，并在不同的主体之间进行传递，各主体通过分工协作，完成线上交易的过程。跨境电商系统的运行涉及互联网基础设施层，提供技术服务的互联网应用层，以网络的渠道商、中间商为主的互联网销售层，以及物流、支付结算等环节的互联网服务层，呈现出一定的层级结构。

2.3 共生理论

2.3.1 理论概述

共生指不同种属的种类在一起密切生存，说明了动植物之间各种各样的共存方式。大批的生物学家围绕着共生问题展开了越来越广泛的深度研究和探讨，他们把寄生、共栖等都归类于共生，对共生的内涵和外延也做了进一步的充实和扩展。由于共生理论已成为一种独立而简明的研究生命种类之间互相联系的科学方法论，20 世纪中叶的统计学家、社会研究家、市场经济家和管理学家等把共生理论应用于我国企业、经济管理等跨学科的分析之中。共生行为不仅存在于生物圈，还普遍存在于所有的主体结构当中。经济领域的共生反映出企业主体之间的相互存续性，工业共生于 20 世纪 70 年代被提出，后来演变为“工业生态系统”，工业共生的本质是一种全方位的合作协同关系，目的是共同增强公司的市场竞争能力。而企业与环境共生则是指在一个社会体系内，在一定条件下的组织活动，是不同类型的企业主体之间的一种紧密合作关系。利用企业之间的合作可以有效减少交易费用，共生主体之间的互利共赢是组织内共生的动力源。

2.3.2 共生理论对跨境电商的适用性

跨境电商作为一种新型的外贸方式，跨境电商生态系统作为一个新型的商业模式体系，其发展目前都没有可以借鉴的经验，特别是互联网时代，外部环境快速变化，跨境电商生态系统随着外部环境的突变，可能快速从目前的任何非衰退阶段走向衰退阶段。跨境电商涉及跨境电子商务网络平台、物流配送、支付、海关监管、代运营等众多个体，如果其中的任何一个个体或子系统出现了问题，都可能会制约整体跨境电子商务的发展。

跨境电商作为一个整体的生态系统，既注重组成部分间的共生机制，也就是说通过系统成员间互相协作，确保各个分系统的良性运行，从而促进整个生态系统管理的整体发展趋于良性循环；又强调系统对外部条件变化的适应能力，以便完成整个生态系统的共同演进和协同成长。在整个跨境电子商务生态系统中，物流、电子商务平台、支付、海关监管、代运营等主体的联动不但是一个既有的平衡过程，而且整个生态系统在扩张状态下实现了新的平衡。同时基于上述个体的分工合作职能，能够提高联动后的收益，推动系统共同进化、协同演化。

2.4 企业生命周期理论

2.4.1 理论概述

企业生命周期理论最早由马森·海尔瑞于1959年提出，最早期的生命周期是通过生物学的成长特点来对企业的发展过程进行分析，包括了企业的停滞、消亡等多个环节。生命周期理论阐述了企业与生物的内在关系，提出了没有“永生”的企业的概念，为企业顺利开展经营管理工作奠定了坚实的基础。

根据企业生命周期理论，企业会经历初创、发展、成熟、衰退4个生命周期阶段，企业在不同的阶段会呈现不同的成长特点。初创期的企业，因为刚步入市场经济，管理体系不完善，产品价格缺乏竞争力，销售占有率较低，市场竞争压力巨大，企业的业务重心在于争取行业优势。发展期的企业，营业收入持续上升，增长速度较快，此时企业必须进一步稳固行业优势，以龙头企业为发展目标。成熟期的企业，营业收入稳定上升，由于企业已经占据了一定的市场份额，增长速度开始下滑，产品质量可以满足大多数用户的需要。衰退期的企业，市场份额下降，竞争力减弱，需要调整运营理念、发展策略，否则只能退出市场。

2.4.2 企业生命周期理论对跨境电商的适用性

跨境电商是2013年以后快速发展起来的，其生态系统下的组成企业多是各自为营，只追求自身发展，但是跨境电商会涉及多个部门、多个企业的运转，如果其中一个部门、企业存在问题，就会制约跨境电商的发展。这里将跨境电商生态系统作为一个整体，系统内的企业必然经历企业初创、发展、成熟、衰退4个生命周期。初创期的主要目标是摸索创建一个可行的、有竞争力的跨境电商生态系统。本阶段跨境电商生态系统下的企业具有活力，充满创新、冒险、创业精神，企业凝聚力较强。以跨境电商平台为例，各大跨境电商平台会推出多种优惠措施吸引卖家入驻，但同时各企业资本实力不均衡，业务量少，市场信誉度不高。

在发展期，跨境电商生态系统下企业的主要目标是发展壮大和实现差异化。由于国家对企业的扶持力度较大，这个阶段公司体量越来越大，经营能力逐步提升，竞争力提高，雇员数量进一步扩大，并成功塑造企业形象，企业家们发现了希望与机遇，公司的团队活力、创新与凝聚力不减，利润提升使得企业家们也有了更多元化的思路，更愿为公司的未来成长承担相应的风险。

在成熟期，跨境电商企业的首要目标是增强并提升已有的市场影响力，从而推迟衰退期的来临。本阶段企业建立了完善的组织部门制度，各大平台都会不断地完善入驻准则、运营规范，逐步取消平台之前给企业、个人的入驻优惠政策并减小扶持力度，各项管理制度会更加规范，公司的发展速度趋缓，企业内部可能会产生矛盾，团队的凝聚力开始降低，决策时存在程序化、时间长的特点，内部保守思想滋生，公司的创新能力下降，冒险精神缺乏，团队活力也明显不足。本阶段企业开始对外塑造良好的企业形象，产品规模扩大，占有率较高，市场地位逐步提升，利润水平较高。

在衰退期，跨境电商企业的主要目标是通过各种手段创新。本阶段的公司规章制度变化虽多但内部组织问题凸显，管理团队士气低迷，经营策略思维极端保守，影响品牌形象。行业日趋饱和，大量类似平台涌现，使原有的平台市场占有率下降，甚至退出市场，如由于资金流、供应链断裂的借卖网、蜜桃、云猴全球购、Ensogo、ezbuy等跨境电商平台。

2.5 市场准入制度理论

2.5.1 理论概述

市场准入最初是国际法方面的概念，于1970年被欧洲理事会在其所制定的有关在欧共体境内煤炭领域进行的批发交易及其雇佣关系的规定文本中正式提出，用作反映一国市场经济开放水平的客观标准，表现了一国政府部门准许外来商品、技术、信息、人才和资金等要素流入自己本国市场的规模与水平。在中美签订关税改革和国际贸易总协定的过程中，市场准入的概念进入中国，首次出现在了1992年10月10日的《中美市场准入谅解备忘录》中，此后专家们广泛使用该词语，意思是“准许进入市场”。市场准入制度即指成为权力行使主体的国家经济部门或地方政府机构，采用规定、条例等各种方式准许自然人、法人或其他组织进驻某一特殊交易市场，进行某一特殊商业经营活动的法定条件和程序规则的统称。国内法含义上的“市场准入”一般具备如下5个特点：

第一，市场准入的主体是国家或行政机构。它们利用国家公权力，建立市场准入制度，筛选特殊的合格主体进入专门市场，以便国家对专门市场进行控制与监督管理。

第二，市场准入的对象必须为拟进行某一特殊商品经营活动的经营主体。它们采取符合市场要求的管理方法进入特定市场，受到公权力的监督，并在其后的经营过程中不断调整其行为，以适应市场准入的规定。

第三，市场的基础是市场体系。通常，这样的规范以政府立法或法规、政策、条例等方式存在，涉及对市场主体中的企业类型、资本金、公司名称、经营场所、投资人和经营者身份等规范。

第四，市场的主要目的就是通过法律规范的制定和门槛的设定，甄别出合格的市场个体，在促进稀缺资源配置的同时保障市场的健康和有序。

第五，市场准入是一种处于持续变化中的评价体系。一个产品的准入方式，受到市场供求、市场需求、消费者喜好、产品市场成熟度、政府部门的控制程度，以及社会群众的态度等多种因素的综合影响。而随着上述各种因素的改变，产品准入机制自身也处于不断变化之中。

2.5.2 市场准入制度理论对跨境电商的适用性

市场准入制度会以法律、法规、规章的形式出现，对不同的行业进行制约。跨境电商的运营涉及不同行业的市场准入，线上交易方式降低了市场准入门槛，易于产生信息不对称问题，消费者无法在购买商品前清楚感知、了解实际商品的质量，同时，在跨国交易中，消费者经常面临发货迟、退货流程复杂、退款时间长等问题。这些都非常容易引起交易纠纷。目前我国共有 1.97 万家跨境电商相关企业，行业的规章制度、法律法规有待健全，或者平台迫于竞争压力放宽入驻门槛，易于引起纠纷。以跨境电商平台小红书为例，2020 年 1 月起，小红书放宽商家入驻门槛，凡是持有营业执照的主体均可申请入驻。但随之而来的是大量的消费者对于商家涉嫌销售假货的投诉。产生这一问题的主要原因就是小红书平台入驻门槛较低，导致商家利用漏洞完成企业号认证，从事售假等违法活动，这在侵害消费者利益的同时严重损害了平台的信誉和形象。

2.6 交易成本理论

2.6.1 理论概述

科斯是市场交易成本理论的主要提出人，把市场交易价格理解为“运用价格机制的生产成本”。他的交易成本理论是解释组织边界决策的重要思想框架，主要有两种重要贡献：一是研究了市场交易成本，二是指出公司的层次结构和市场是互为替换的管理手段。科斯发现了公司在交易过程中不断产生和不断存在的“交易成本”。通过企业的合并、资源的共享，可以建立一个无期限约束的、固定的层次机制，进而降低资源流转和交换的成本。

科斯指出，交易成本包括发现相关价格的成本、磋商与签约成本费用，还包括不利因素所产生的成本，如履约成本和为避免违约所发生的监督成本，对于这一成本费用，科斯还没有做出详尽阐述。不过他认为，长期契约相较于短期契约而言，能够节省因为不断签订契约所产生的费用。不过相较于短期契约，随着对未来预期的减弱，长期契约会面临更大的风险，存在更多的不确定性；且契约条款的严密性与适用性也有所降低，在以后处理长期契约所遗留的问题时，也必须付出相应的成本。在对市场和层次治理结构之间的选择进行研究时，科斯认为组织是对交易市场的替代，企业若想进行交易，就存在着相应的成本费用，企业存在的原因在于在某种情况下它的内在交换成本低于市场交易成本。

2.6.2 交易成本理论对跨境电商的适用性

科斯认为交易可以通过低成本实现，企业可以利用组织的形式降低交易成本。跨境电商中的交易主体基于平台进行交易，在这一过程中，对于平台来说就意味着可以实现纵向资源整合，从而能够降低寻找合适、诚信供货商的成本费用；同时供货商也能够省去在交易市场上发布消息、广告宣传的成本费用，以及避免生产过剩的经营风险，进而达到交易各方在开展交易的整个过程中节约交易成本的目的；买卖双方也可以节省寻找交易对象的成本，对于物流、支付企业同样意味着成本的节约。

2.7 比较优势理论

2.7.1 理论概述

1817 年，大卫・李嘉图在其代表作《政治经济学及赋税原理》中提出了著名的比较优势理论。李嘉图认为当两个国家用劳动这种单一要素生产两种产品时，如果一国生产两种产品的劳动生产率相比另一国都缺乏优势，此时按照相对劳动生产率或者相对的劳动成本，两国依然可以进行贸易。双方按照“两优取最优，两劣取次劣”的原则确定彼此的比较优势产品并进行贸易，最终对两国都是有利的。比较优势理论相对绝对优势理论进一步发展了古典贸易理论，更好地解释了贸易产生的基础和贸易获利。

2.7.2 比较优势理论对跨境电商的适用性

跨境电商发展的前提是具有比较优势的稳定货源，货源的稳定性和各地的产业基础相关。我国东部地区如广东、浙江等地区跨境电商相比其他地区之所以发展迅速，与其产业基础高度相关。2021 年我国跨境电商出口的品类主要为服饰鞋包、家居家纺及电子产品等，由于外商投资的不均衡性、各地政府政策的差异性等原因，这些企业主要分布于东部沿海地区，出口货物主要来自广东、浙江、福建及江苏，合计占比近八成。陕西作为内陆省份，相比东部地区，缺乏外商投资、企业数量的优势，但是劳动力成本相对东部具有明显的优势，加之国际港务区、空港新城等为交通提供了便利，一定程度上助推了陕西跨境电商比较优势产业的发展，为其通过跨境电商平台出口产品奠定了基础。

2.8 本章小结

本章结合跨境电商的发展分析其适用的相关理论，为本书后续的分析奠定理论基础。跨境电商的发展包括多个个体的协调发展，彼此相互影响、相互作用，个体的变化为跨境电商的演进提供了助力，对跨境电商的分析需兼顾整体与个体的协同发展。跨境电商作为一个整体进行运营时，具有整体性、开放性、层次性，体现了系统的特性；跨境电商完成买卖双方的交易，涉及多家企业的共同发展，体现了商业生态系统的特性；目前的跨境电商企业以中小型企业为主，其发展历经初创、发展、成熟、衰退，体现了企业生命周期的特性；跨境电商发展时间较短，相关法律法规不健全，平台的经营方式以粗放型为主，致使市场准入门槛较低，交易各方由于信息不对称，易于产生逆向选择行为；跨境电商通过减少中间环节的组织机构，有利于降低交易成本；我国跨境电商产业发展不均衡的背后是各地区产业基础的差异，跨境电商发展缓慢的区域应大力发展其比较优势产业，为当地跨境电商的发展打下产业基础。

3 跨境电商生态系统构架

3.1 跨境电商生态系统内涵

跨境电商生态系统是一个以跨境电商平台为核心，以信息技术为手段进行贸易流、信息流、资金流、物流的传递，并通过聚拢具有协同关系、相互依存、相互影响的不同个体、企业及组织，以完成不同国家之间线上交易为目的的共生系统。

3.2 生态系统下的跨境电商种群及关系

3.2.1 个体

生态系统中所有参与系统活动的角色都称为一个独立的个体。个体是跨境电商生态系统中进行物质、能量以及信息传递的具体单位，是跨境电商生态系统能正常运行的直接参与者。在跨境电商生态系统中，参与跨境电商流程的独立个人、企业或组织机构都包含在个体的范畴中，如在跨境电商平台上下单的消费者、提供商品或者货源的供货商、提供交易场所的平台，以及为跨境电商交易提供相关服务支持的物流、结算企业。

3.2.2 种群

种群是生态系统中同一类生物个体的聚集。种群内部是拥有同一属性和职能的单一个体，不同属性、职能的个体属于不同的种群。在跨境电商生态系统中，主营业务相同或行为一致的个人、企业或团体的集合体构成跨境电子商务生态系统的种群。按照功能与归类，跨境电商生态系统主要包括以下种群：

1. 跨境电子商务平台种群

跨境电子商务平台种群是指通过搭建平台，方便入驻企业完成跨境商品图片、数据、视频等信息的上传，完成跨境商品交易流程的平台型跨境电商企业的集合。按照平台运营方式的差异，将其分为平台型公司、自营型公司以及混合型公司。平台型公司提供可供第三方入驻的贸易平台，买卖双方基于平台完成交易，而平台的企业收入主要来自交易额的佣金及平台提供活动所收取的手续费。此类平台典型的有亚马逊、速卖通（也称全球速卖通）、Wish 等。自营型公司是指跨境电商平台的业务以自营为主，企业搭建的平台不向第三方企业、卖家开放，企业自己组建采购团队在全球范围内进行采购，进而通过自己的网络平台直接销售给消费者，以赚取差价。此类平台典型的有兰亭集势、莎莎网等。混合型公司是指兼有平台型和自营型的业务，企业搭建的平台在自营的同时，为扩展货源与品牌，与第三方各大供货商进行合作，第三方企业入驻平台，平台收取佣金。此类平台典型的有亚马逊、京东等。

按照运营模式的差别，跨境电商平台一般包括 B2B、B2C 和 C2C，其中 B2C 和 C2C 统称为跨境零售，B2B 业务的平台主要包括中国制造网、敦煌网、阿里巴巴国际站、全球资源网等，跨境零售业务的平台主要包括考拉海购、天猫国际、京东国际、小红书等。跨境电子商务平台种群是跨境电商的核心种群，也是跨境电商运营过程中的重要环节。首先，消费者、供应商、支付企业、电商企业的备案信息经平台传递至海关；其次，消费者的下单行为、与供应商之间的信息交流行为、供应商的发货行为等经平台进行显示；最后，消费者的订单、支付企业的支付单、物流企业的物流单都是经由平台传递至海关，海关进行三单对碰，以检验信息是否一致。

2. 消费种群

消费种群是指在跨境电商交易中，在平台上下单、支付，并最终获取所购买产品的个人、企业以及机构的集合体。B2B 的交易主体均为企业，通常是企业或大型机构，其成交数额相对较大，是跨境电商的主要推动者，目前我国跨境电商以 B2B 为主；在 B2C、C2C 的交易模式中，消费者通常为个人，采购具有数量少、频次高、交易额小的特点。消费种群的商品价值需求、属性需求等，直接影响着跨境电商商品的营业趋势和未来方向。

3. 商品供应链种群

商品供应链种群通常是指在跨境电商交易过程中，制造并销售交易产品的上下游企业的集合体，上游企业一般包括生产商、品牌商、代销商等，下游企业一般包括零售商与消费者，上下游企业之间通过跨境电商平台进行衔接。跨境电商作为一种外贸新业态，压缩了整个传统贸易的中间环节，为生产者和消费者进行信息沟通提供了方便，降低了消费者的购买价格，体现了对传统外贸渠道的革新。由于各大电商平台品类众多，竞争逐渐激烈，因此供应链种群中的销售方更要随时了解消费者对产品的需求状况，并能够研判需求趋势，在此基础上提高企业商品性价比；同时为满足消费者多元化、便利化的需求，供应链种群应该进一步加大产品的研发力度，拓宽经营品类，增加营销渠道。

4. 跨境物流服务种群

跨境物流服务种群是指专门从事跨境电商的物流运输、仓储服务的企业集合。目前跨境物流服务种群主要包括国际邮政物流、国际商业快递、国际专线物流、海外仓物流等。其中，国际邮政物流包括中国邮政航空小包、大包，国际 EMS，国际 E 邮宝，国际 E 特快，国际 E 速宝等；国际商业快递包括 DHL 国际快递、TNT 国际快递、联邦快递（FedEx）、联合包裹服务（UPS）、顺丰速递等。不同的物流涉及的配送地区、服务价格、物流时效差异较大，消费群体和商品供应群体根据自身需求，选择适合自己的运输方式。跨境物流服务种群在整个跨境电商生态系统中扮演着重要角色，物流配送的时效、价格，包裹的完整性等因素直接影响消费者的购物体验，是评价跨境物流服务种群中物流服务水平的关键因素。

5. 跨境支付服务种群

在消费者下单支付后，平台通过第三方支付结算企业或机构为交易双方提供交易结算服务，将第三方支付结算企业或机构的集合称为跨境支付服务种群。主要的支付结算类企业除了传统的各大商业银行、信用卡机构之外，还包括贝宝、支付宝、速汇金汇款、联动支付、易联支付等近年来快速发展的第三方结算企业。跨境支付作为跨境电商交易活动中必不可少的环节，随着跨境电商的发展，跨境支付服务存在着交易虚假性、资金非法流动、逃避个人结售汇限制等方面的风险，国家近年来从便利性、安全性、真实性等方面出台了多个政策，促进了跨境支付服务种群在跨境电商生态系统中的稳健发展。

6. 跨境综合服务种群

跨境综合服务种群是指为便利各跨境电商交易环节，专门从事物流配送、仓储、交易清算、海关退税等各种综合服务的企业集合体。在跨境综合服务种群中，虽然各个公司的经营范围有所差异，但它们有一个共性特点，即都是以促进跨境电商为目标，以促进各环节便利化为宗旨，积极开展多样化的企业服务，帮助企业高效便捷地完成进出口流通环节，典型的有阿里巴巴一达通、派安盈、递四方等企业。根据经营方式的不同进行划分，跨境综合服务业务主要包括基础服务、金融服务。其中，基础服务主要是指在进一步完善外贸代理企业监管思路的基础上，实现外贸综合服务自营企业出口流程的规范化和标准化；金融服务通常包括赊销订单贷款、库存质押融资、信用贷款以及远期结汇业务等。

7. 政府综合服务种群

政府综合服务种群是中国各地政府为保障跨境交易合法化而成立的各类管理部门和业务单位的集合体。这里的管理部门和业务单位，通常是指狭隘含义中的具体机构或拥有特定职能的具体部门，包括海关、商检、税务等部门，它们在产品的跨国流动过程中履行了对进出口商品监管、税收管理的职责，从而直接参与了跨境电商的交易。尤其是通关环节的时效性、税费的缴纳方式等都构成了跨境电商交易活动中的重要一环，影响着消费者种群的购物体验，最终表现为整个跨境电商生态系统的种群交互。

3.3 环境

跨境电商生态系统在一定的环境中进行信息交换，根据环境的差异，分为内部环境和外部环境。内部环境一般指跨境电商生态系统中各种群企业组织的企业文化或组织架构，外部环境指跨境电商行业所在区域的社会环境、金融环境、技术环境和政策环境等。其中，因跨境电商东西部地区发展的差异性，东部地区整体环境相对陕西地区，更有利于吸引资金流入，对跨境电商整体发展的推动作用较为明显。

3.3.1 社会环境

跨境电商分为进口跨境电商和出口跨境电商。进口跨境电商随着国内消费者消费观念的变化而发展，2007 年之前消费者借助导游、留学生等能更多接触国外产品的群体进行代购；2007 年之后淘宝全球购上线，一方面为入驻的卖家搭建在线销售平台，另一方面对入驻平台的卖家进行管理，扩展平台的品类，采取多种方式吸引消费者下单。

出口跨境电商的发展与我国劳动密集型产品的出口密切相关。由于我国出口的纺织品、家居家饰、服装箱包等产品在国际市场上具有较强的竞争力且价格低廉，之前传统外贸方式下，中间商较多，价格上浮程度较高。通过跨境电商平台压缩中间环节，进一步降低了交易成本，为众多的传统外贸企业转型提供了契机，为众多草根阶层步入新的行业提供了机遇。

3.3.2 金融环境

优越的融资环境为跨境电商生态系统的蓬勃发展提供了丰厚的资金支持。新兴业态的出现，资金的注入成为其发展至关重要的条件。智研咨询的数据显示，2021 年中国跨境电商共发生 77 起融资，同比增长 133.33%，融资总金额为 207 亿元，比 2020 年的 70.9 亿元上升 191.96%。其中深圳、上海、杭州分别为 26 起、16 起、9 起，占比分别为 33.77%、20.78%、11.69%，其他的包括北京 8 起、广州 7 起、南京 3 起、长沙 3 起，海口、合肥、香港、宁波、南京各 1 起。在跨境电商融资额排名前十的企业中，深圳市占 7 席①，多数企业已经进行多轮融资，所属行业主要包括进出口跨境电商、跨境服务（见表 3－1）。根据以上数据可以看出目前中国跨境电商融资分布以东部地区为主，体现出一定的垄断格局。

表 3－1　2021 年中国跨境电商融资额排名前十企业 单位：亿美元

序号	融资方	所属行业	所在地	融资时间	融资轮次	融资金额
1	行云集团	进口电商	深圳市	2021 年 4 月 19 日	C＋轮	6
2	PATPAT	出口电商	深圳市	2021 年 7 月 19 日	D 轮	5
3	KK 集团	进口电商	深圳市	2021 年 7 月 6 日	战略投资	3
4	空中云汇	跨境服务商	深圳市	2021 年 9 月 20 日	E 轮	2
5	PATPAT	出口电商	深圳市	2021 年 8 月 17 日	D2 轮	1
6	QUPITAL 桥彼道	跨境服务商	中国香港	2021 年 11 月 9 日	B 轮	1
7	CIDER	出口电商	北京市	2021 年 9 月 2 日	B 轮	1
8	空中云汇	跨境服务商	深圳市	2021 年 11 月 18 日	E1 轮	1

① 网经社电子商务研究中心．2021 中国跨境电商投融资数据报告[DB/OL]．(2022－01－10)[2022－05－20]．http://www.100ec.cn/zt/2021kjds/.

续表

序号	融资方	所属行业	所在地	融资时间	融资轮次	融资金额
9	全量全速	出口电商	北京市	2021年6月17日	A轮	1
10	空中云汇	跨境服务商	深圳市	2021年3月24日	D++轮	1

资料来源：据网经社、智研咨询资料整理。

3.3.3 技术环境

跨境电商作为一种新型外贸形式，与信息技术的发展密切相关。我国于20世纪90年代正式接入互联网，在2004年之前，网络提供信息黄页，只能进行商品展示，不能进行交易，典型的如阿里巴巴、环球资源网；2004年之后，随着技术的发展，我国出口跨境电商逐渐由在线展示转变为在线交易，不仅可以进行商品展示，还可以进行交易、支付、物流等流程的电子化，此时出口电商平台逐渐建立，例如亚马逊收购卓越网后成立亚马逊中国，此后环球易购、兰亭集势等电商平台陆续建立；2013年跨境电商交易型平台逐步转向跨境服务型平台，线上服务扩展到营销、互联网金融、仓储等服务。在未来，云计算技术、大数据分析和新一代人工智能等网络信息技术的持续创新与迭代发展，将推动跨境电商的变革，进一步完善业务模式、提高业务水平与效率，最终实现整个行业的协同发展，营造更好的发展环境。

3.3.4 政策环境

1. 跨境政策萌芽阶段

2008—2012年为跨境政策萌芽阶段，跨境电商发展刚刚起步。此阶段跨境电商交易额占贸易总额的最大比重仅为8.6%，专门针对跨境电商发展制定的政策措施较少，和跨境电商相关的政策集中在国际电子商务中心建设、鼓励电商企业“走出去”、培育跨境电商相关平台等方面。

为推动国际电子商务中心的建设，国家陆续出台了《珠江三角洲地区改革发展规划纲要（2008—2020年）》（2009年1月）、《关于印发前海深港现代服务业合作区总体发展规划的通知》（2010 年 10 月）等文件，文件明确提出基于地理位置的优势，将珠江三角洲、横琴、前海深港等地区建设成国际电子商务中心。

在鼓励电商企业“走出去”方面，国家发展改革委、商务部等部委联合出台《关于开展国家电子商务示范城市创建工作的指导意见》（2011 年 3 月）。商务部颁布的《“十二五”电子商务发展指导意见》（2011 年 10 月），首次将促进电商“走出去”纳入国家电子商务示范城市建设的总体目标，提出“电子商务在拓展国际国内两个市场、促进经济发展方式转变、方便百姓生活、改善民生、提高政府管理与服务能力等方面取得明显成效”。并且在主要目标中提出，到 2015 年，应用电子商务完成进出口贸易额占我国当年进出口贸易总额的 10% 以上①，以及提出“促进产品、服务质量提升和品牌建设”，为企业通过电子商务开拓市场明确了发展方向。

在培育跨境电商相关平台方面，出台《“十二五”电子商务发展指导意见》（2011 年 10 月）、《关于利用电子商务平台开展对外贸易的若干意见》（2012 年 3 月），一是明确提出支持地方建设“单一电子窗口”平台，促进海关、检验检疫、港口、银行、保险、物流服务的电子单证协同，提高对外贸易监管效率；二是培育跨境电子商务平台，明确提出要培育若干个技术力量强、信誉好、多语种的跨境电商平台，鼓励中小企业应用跨境电子商务平台拓展海外市场，减少渠道环节，树立中国品牌形象，开展国际合作，并给出了重点培育开展对外贸易的电子商务平台的主要规程。这一阶段出台政策的内容较为宽泛，并未明确跨境电商相关规章制度、标准体系等具体内容，且政策的可操作性较低。

① 中华人民共和国商务部电子商务司．商务部“十二五”电子商务发展指导意见[EB/OL]．(2011-10-19)[2021-10-01]．http://dzsws.mofcom.gov.cn/aarticle/zcfb/201110/20111007788011.html.

2. 跨境电商政策探索阶段

2013—2016 年为政策探索阶段，此阶段跨境电商交易额在外贸中的占比逐渐提高。2013—2019 年同期跨境出口电商占比分别为 14.3%、15%、16.7%、17.9%、21.8%、21.1%、23.5%，且呈现持续高速增长之势，成为外贸增长的新引擎。但是跨境电商各个环节中出现的诸如物流运输“瓶颈”、通关与退税缓慢、支付与安全以及跨境电商专业人才缺乏等问题，都制约着跨境电商的发展。因此国家开始探索制定适应跨境电商发展需求的政策。

2012 年海关总署牵头设立“跨境电子商务试点城市”，2015 年国务院牵头设立“跨境电子商务综合试验区”，两者都是选择外贸基础较好的城市先试先行；跨境电子商务综合试验区是在跨境电子商务试点城市的基础上对政策的进一步升级。

此阶段在政策制度和规则层面出台了《关于实施支持跨境电商零售出口有关政策的意见》(2013 年 9 月)、《关于跨境贸易电子商务服务试点网购保税进口模式有关问题的通知》(2014 年 3 月)、《关于同意设立中国（杭州）跨境电子商务综合试验区的批复》(2015 年 3 月)、《关于促进跨境电子商务健康快速发展的指导意见》(2015 年 6 月)、《关于支持中国（杭州）跨境电子商务综合试验区发展的意见》(2015 年 7 月）等文件（见附录 A)。以上政策引导、支持了我国跨境电商产业的发展，为跨境电商的发展提供了良好的外部环境。

在跨境电商通关层面，海关总署出台了《关于增列海关监管方式代码的公告》(2014 年 1 月)、《关于跨境贸易电子商务进出境货物、物品有关监管事宜的公告》(2014 年 7 月）等文件（见附录 B)。以上政策明确承认跨境电商产业的存在并给予适度的支持和积极的引导，营造了良好的跨境电商从业环境，对跨境电商的发展有着重要促进作用。

在跨境税收方面出台了《关于跨境电子商务零售出口税收政策的通知》(2013 年 12 月)、《关于明确跨境电商进口商品完税价格有关问题的通知》（2016 年 7 月）等文件。以上政策针对跨境电商发展初期的进出口税收问题做出了明确指示，有效保障了跨境电商相关企业的利益和合法权益。

在跨境电商支付层面出台了跨境电商质检类代表性政策《关于开展支付机构跨境外汇支付业务试点的通知》（2015 年 1 月）、《关于深化检验检疫监管模式改革支持自贸区发展的意见》（2015 年 3 月）、《关于加强跨境电子商务进出口消费品检验监管工作的指导意见》（2015 年 6 月）等。以上文件从跨境电商的整体制度、环境建设到跨境电商实际运行时的税收、支付、通关、质检等各个环节，为跨境电商的发展指明了方向，对外贸转型升级具有重要而深远的意义。

3. 政策过渡阶段

2017—2018 年为政策过渡阶段，此阶段在政策制度和规则层面主要出台了《关于复制推广跨境电子商务综合试验区探索形成的成熟经验做法的函》（2017 年 12 月）、《关于同意在北京等 22 个城市设立跨境电子商务综合试验区的批复》（2018 年 7 月）等文件。以上文件将试点的成熟经验进一步推广至中西部和东北地区，同时政策向中西部倾斜，在全国范围开展跨境电商综合试验区。

在税收方面主要出台了《海关总署办公厅关于执行跨境电子商务零售进口新的监管要求有关事宜的通知》（2017 年 5 月）、《关于调整跨境电商零售进口商品清单的公告》（2018 年 11 月）、《关于完善跨境电子商务零售进口税收政策的通知》（2018 年 11 月）等文件。以上政策主要目的是暂缓跨境电商“四八新政”的执行，提高跨境零售个人交易限值和年度限值，扩大清单目录。

在通关方面，主要出台了《关于跨境电子商务统一版信息化系统企业接入事宜的公告》（2018 年 6 月）、《关于修订跨境电子商务统一版信息化系统企业接入报文规范的公告》（2018 年 9 月）、《关于跨境电子商务零售进出口商品有关监管事宜的公告》（2018 年 12 月）等文件。以上政策明确要求企业对其传向海关的电子数据负责，海关对企业的管理由备案变为注册，实施信用管理，实施差异化通关。

在支付方面，主要出台了《人民币跨境支付系统 CIPS 二期成功投产运行》（2018 年 3 月）、《关于规范跨境电子商务支付企业登记管理的公告》（2018 年 4 月）、《关于实时获取跨境电子商务平台企业支付相关原始数据有关事宜的公告》（2018 年 11 月）等文件。以上政策要求新注册的企业提供相关资质证书，向海关开放支付相关原始数据，进一步规范了跨境电商支付环境。

4. 政策成熟阶段

2019 年以后为政策成熟阶段，此阶段在政策制度和规则层面主要出台了《关于促进综合保税区高水平开放和高质量发展的若干意见》（2019 年 1 月）、《关于同意在石家庄等 24 个城市设立跨境电子商务综合试验区的批复》（2019 年 12 月）、《关于调整扩大跨境电子商务零售进口商品清单的公告》（2019 年 12 月）、《关于扩大跨境电商零售进口试点的通知》（2020 年 1 月）、《关于同意在雄安新区等 46 个城市和地区设立跨境电子商务综合试验区的批复》（2020 年 4 月）、《关于扩大跨境电商零售进口试点、严格落实监管要求的通知》（2021 年 3 月）等文件。以上政策明确扩大跨境电商零售品类、进口试点城市及跨境电商综合试验区的范围，将跨境电商试点扩大至海关特殊监管区域。

在税收方面主要出台了《关于跨境电子商务综合试验区零售出口企业所得税核定征收有关问题的公告》（2019 年 4 月），规定跨境电商出口所得税采用核定征收办法，应税所得率统一按照 4% 确定，2019 年 4 月国务院常务会议明确下调进境物品征收的行邮税税率。

在通关方面，主要出台了《关于全面推广跨境电子商务出口商品退货监管措施有关事宜的公告》（2020 年 3 月）、《关于跨境电子商务零售进口商品退货有关监管事宜的公告》（2020 年 3 月）、《关于开展跨境电子商务企业对企业出口监管试点的公告》（2020 年 6 月）、《关于扩大跨境电子商务企业对企业出口监管试点范围的公告》（2020 年

8月)、《关于全面推广跨境电子商务零售进口退货中心仓的公告》(2021年9月)等文件。以上政策明确了跨境电子商务出口商品退货监管措施、增加海关监管方式、跨境电子商务企业对企业直接出口(代码为9710)和跨境电子商务出口海外仓(代码为9810),在多个城市开展跨境电商B2B出口监管试点。

在支付方面,主要出台了《支付机构外汇管理办法》(2019年4月)、《"十四五"电子商务发展规划》(2021年10月)等文件。以上政策明确要完善支付机构跨境外汇业务相关政策,进一步促进跨境电子商务结算便利化,发展跨境电商,推进数字领域国际规则的构建。

3.4 生态系统种群互动关系

生态系统内部一般以种群为基本单位,研究种群的相互作用和协同发展。因此,以跨境电商生态系统中种群为研究对象,深入分析种群之间、种群内部以及种群与环境的相互作用机制,对研究跨境电商生态系统的协同发展具有重要作用。

3.4.1 种群内部互动关系

根据生态学理论,生态系统中种群内部之间的相互作用主要指个体之间的内部合作与内部竞争。在跨境电商生态系统中,具体体现为从事同一主营业务和拥有同一属性的个人、企业及组织机构,在发展的过程中,为了企业的生存和实现更高的利益,进行协调联合并开展内部合作或内部竞争的行为。

1. 种群内部合作

种群内部合作是指在生态系统发展过程中,种群内部个体为谋求自身生存和种群的繁衍而达成协同合作的行为。在整个跨境电商生态系统的发展过程中,自始至终贯彻内部协调发展。在行业发展初期,开展跨境电商经营活动的企业数量日益增多,但由于缺乏良好的市场机制,各独立企业之间为了寻求共同发展,会逐步建立不稳定的业务默契，逐渐形成非权威的行业规则，以保证业务交易的稳定。在行业发展中期，随着市场交易制度逐步建立、完善，相同主营业务的不同企业按照行业标准，通过实施某种程度上的业务协同合作，来谋取自己和行业整体的最大收益。例如，各个跨境电商平台在同一个时段内集中进行产品推广活动，形成了良性的商务推广氛围，推动产业总体的发展。在行业发展后期，同一种群的跨境电商企业按照行业标准，进行了更深入、更紧密的协同合作，提高了产品服务质量，完善了产业服务，对自身种群的发展与壮大产生了良好的促进作用。

2. 种群内部竞争

种群内部竞争是指由于资源和生存空间有限，种群内部不同个体为了满足自身需求而进行的斗争行为。由于部分个体发展得不均衡，种群内部竞争在导致部分弱小个体退出竞争的同时，也会帮助整个种群向着更加完善、更加平衡的状态发展。在跨境电商生态系统中，各个电商、物流、支付企业在行业处于不同的竞争地位，中小型的电商、物流、支付企业竞争力相对较弱，为了生存不断降低服务价格，最终会退出该行业。“电数宝”（DATA. 100EC. CN）监测显示，2021年上半年跨境电商平台因破产、倒闭、重大重组、创始人“跑路”、平台关停或停更等原因退出的企业有 8 家，其中北京、江苏、广东分别为 2 家，占比均为 25%；河南和上海各 1 家，占比均为 12. 5%。种群内部竞争会使种群整体竞争力和经营管理水平提高，在竞争力较弱的企业退出该行业的同时，最终存活下来的个体，在服务、价格、经营理念等方面更能满足消费者的多样化需求，种群的内部竞争也是跨境电商生态系统不断壮大与稳固的关键力量。

3. 4. 2 种群之间互动关系

跨境电商生态系统的内部活动，反映了拥有不同职能的各个种群内部的资源共享、信息交换和商品流通。一次跨境电商交易的完成，离不开系统中各个种群的协作分工。因此在跨境电商生态系统中，各个种群的合作关系多体现为共生关系。在生态系统理论中，共生关系主要有寄生、偏利共生和互惠共生 3 种。

1. 寄生

寄生是指一种生物从另一种生物的体液、组织或已消化吸收的食物中获取营养，对该生物可能产生一定的危害。在跨境电商生态系统中，跨境电商买手、供应商通过跨境电商平台销售商品，继而生存、获利，他们和平台之间属于寄生关系。但是在跨境电商发展前期，由于平台监管不到位，跨境电商买手、供应商为了获取更大利润，存在对产品质量把控不严的问题，致使平台、买手、供应商声誉与产品形象受到极大冲击。随着跨境电商生态系统的发展，平台改变早期的粗放型管理方式，提升产品准入条件，严把质量关，此类问题逐步减少，种群之间的互动朝着互惠共生方向不断演化发展。

2. 偏利共生

偏利共生是指种群之间的相互作用对一方无利，而对另一方有利。此类种群关系的互动，多出现在跨境电商发展初期。2013 年以后，跨境电商平台发展迅猛，竞争逐渐激烈，为了吸引买手及供应商入驻平台，在平台发展初期，通过补贴的方式对入驻方进行扶持，给予消费者众多购物优惠，消费者购物成本下降，供应商入驻成本下降，双方基于交易获得巨大的利益。但是，跨境电商平台在获得大量用户群体、供应商入驻的同时成本增加较多，总体上保持收支平衡。

3. 互惠共生

互惠共生指两种生物长期生活在一起，双方互为依靠，共享收益和生命。在跨境电商生态系统中，种群间的互动关系多体现为互利共存。跨境电商平台种群通过商品供给种群中大量的企业提供品质较好、价位合理的商品吸引消费者种群，商品供给种群必须通过跨境电商平台实现商品的售卖，获得更多的收益；而跨境电商平台种群则依靠跨境物流种群和跨境支付种群，才能完成跨境交易，同时跨境物流种群和跨境支付种群是基于平台开展自身业务、获取生存空间，没有跨境电商平台种群，跨境物流种群和跨境支付种群就无法接洽线上业务。跨境电商平台种群、跨境物流种群和跨境支付种群各自服务效率提升，各方能够更好地进行合作，有利于优化消费者种群的购物体验感，同时增加服务种群的业务量和业务收入。

互惠共生种群互动关系，是跨境电商生态系统得以健康发展的条件。在生态系统发展的进程中，特别是跨境电商生态系统建立初期，这种共生关系表现不突出，彼此利益的实现不均衡，随着跨境电商生态系统的发展，各种群会进一步深化合作，以实现理想状况下的互惠共生。

3.4.3 种群与环境互动关系

种群的发展必须依赖自身所处的环境，而环境的提升和完善也依赖各种群的协作。在跨境电商生态系统中，良好的产业环境为各类跨境电商种群的成长创造了充足的条件，随着各类种群的进一步壮大，完善的产业结构进一步建立，外部环境将逐渐完善。当然，一旦外部环境不能创造有利于种群生存发展的各种条件，各类种群的发展就会相对缓慢，跨境电商生态系统的协同发展将会受限。

3.5 阿里巴巴跨境电商生态系统

阿里巴巴集团作为国内跨境电商的龙头，它在发展的过程中提供平台为交易双方创造价值，同时与相关企业紧密协作、共同创造价值并分享收益，形成了具有强大生命力的跨境电商生态系统。

3.5.1 阿里巴巴跨境电商生态系统种群

1. 平台种群

阿里巴巴集团旗下有以阿里巴巴国际站为代表的信息服务平台，以阿里巴巴一达通为代表的综合服务平台，以全球速卖通为代表的出口跨境电商平台，以天猫国际和考拉海购为代表的进口跨境电商平台，其中天猫国际和考拉海购目前的市场份额排名第一。凭借平台，阿里巴巴为企业、个人卖家和买家等交易双方提供B2B、B2C及C2C业务服务，交易双方依附平台完成交易。

2. 支持种群

阿里巴巴跨境交易业务的完成需要诸如金融机构、物流企业、支付中介、电信服务商、认证中心以及政府等部门的支持和配合，以上部门共同构成支持种群。阿里巴巴跨境电商生态系统支持种群包括提供金融服务的蚂蚁金服、提供物流配送的菜鸟网络、提供广告营销服务的阿里妈妈、提供云计算业务的阿里云，以及外部的各大商业银行、保险机构、中国万网以及华信等第三方认证机构，这些外部个体通过支持种群向相关企业提供服务，其集聚对阿里巴巴商业生态系统的运行来说必不可少。

3. 寄生种群

寄生种群是为阿里巴巴商业生态系统中的关键种群和支持种群提供增值服务的组织和个人，如技术外包商、咨询和培训机构、客服外包公司、广告服务商等。它们寄生于阿里巴巴商业生态系统之中，与整个生态系统共存亡。

可以看出随着阿里巴巴跨境电商生态系统的壮大，阿里巴巴在吸引海量的中小企业、个人卖家和消费者加入的同时，专业的电商增值服务企业、货代快递物流配送企业，以及支付金融企业等其他合作伙伴也逐渐集聚到该跨境电商生态系统中，这些企业相互协作，共同形成一个稳定发展的跨境电商生态系统。

3.5.2 阿里巴巴跨境电商生态系统结构

根据系统的结构性，阿里巴巴跨境电商生态系统分为核心层、支持层、延伸层和环境层4个部分。其中核心层主要包括阿里巴巴集团的各个平台以及在平台上交易的双方。支持层直接参与阿里巴巴平台交易，为核心层交易的完成提供诸如网上支付、安全认证、物流配送、广告营销、咨询服务等各种服务，主要包括支持种群、寄生种群的企业，如蚂蚁金服、菜鸟网络、阿里云、阿里软件等。延伸层主要包括和跨境电商交易存在关联的政府、行业协会、科研和教育机构及竞争者，如中国电子商务协会、网商大会、阿里研究院及京东和唯品会等竞争对手。

环境层是指与阿里巴巴核心跨境电商业务及关联业务发展密切相关的外部环境，包括经济环境、法律环境、政策环境、技术环境等。经济环境主要涉及中国国内的经济现状、经济社会发展情况；法律环境主要涉及与合约法、电子商务签约、电子交易、知识产权、用户权利保障等方面密切相关的立法，如《第三方支付管理办法》《中华人民共和国电子签名法》等；政策环境主要涉及与跨境电商发展相关的海关监管、税收政策、试验区、人才培养优惠政策等；技术环境主要包括和跨境电商发展相关的数据技术、信息技术、电子支付技术等。

3.6 跨境电商生态系统的重构

根据系统论，系统具有整体性，但是整体不是系统本身，系统内的整体与个体之间相互结合、相互制约，各组成个体之间通过物质和信息的交换相互依赖、相互作用，并与环境产生互动。因此考察系统的时候应当在整体与个体、结构层次及周围环境的相互关系中进行分析，只有这样才能真正地认识系统。

这里根据跨境电商生态系统种群与阿里巴巴跨境电商生态系统下的生态结构构成，结合跨境电商的运营环节重新构建跨境电商生态系统，通过对生态系统下的跨境电商种群重新梳理，认为跨境电商生态系统由内而外由核心层、基础层、服务层、外部层构成（见图 3－1）。各层成员以平台为载体，以买卖双方完成交易为核心，以产业为基础，通过贸易流、资金流、信息流和物流共同实现效能增值，各成员既可以在各个层次内部实现信息交换与发展，又可以在 4 个层次之间通过合作实现信息交换，维护跨境电商生态系统的稳定，共同推动整个系统的和谐发展。

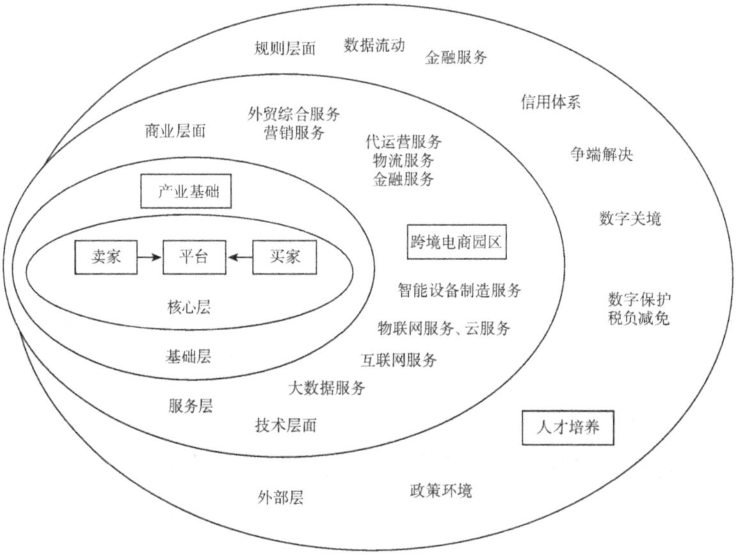

图 3－1　跨境电商生态系统的构成

核心层包括跨境电商平台、交易主体。在跨境电商的运营中，核心层中的平台为买卖双方交易提供虚拟场所，电商企业入驻平台，上传商品图片、文字属性说明，消费者通过平台咨询、下单，买卖双方通过平台完成交易。在此过程中基础产业系统、服务支持系统、外部环境系统共同作用于跨境电商交易。

基础层是指各区域适宜发展跨境电商的产业，是发展跨境电商的基础。目前我国跨境电商以出口为主，电商企业需要持续、稳定、具有明显价格优势的高品质产品，地方产业比较优势越明显，越有利于电商企业、卖家在当地进行选品，建立本地仓，在物流时效方面形成优势，有利于提升点击率和曝光率，继而增加交易量。同时当地产业发展具有区位优势时，有利于电商龙头企业、物流、支付及其他相关企业的集聚。

服务层包括商业层面的外贸综合服务、营销服务、代运营服务、物流服务、金融服务，技术层面的大数据服务、互联网服务、物联网服务、云服务、智能设备制造服务等，是发展跨境电商的保障。由于跨境电商运营涉及对平台规则的掌握、不同国家之间的语言沟通、物流、资金结算、结关等，因此需要物流服务、金融服务、关务服务等，同时也催生代运营服务。在物流服务方面，跨境电商平台有自营的物流服务或者由第三方物流提供服务，主要基于价格、运输距离、商品种类提供有差异的服务；在金融服务方面，由于涉及支付牌照的问题，跨境电商平台多选择第三方；在营销服务方面，平台多通过其他平台进行引流、导购；由于跨境电商涉及的部门较多，部分平台对各环节服务进行整合，提供外贸综合服务；为了能够快速地传递信息，更好地对商品、买卖双方的信息进行分析，跨境电商也需要大数据服务、云服务、互联网服务、物联网服务、智能设备制造服务等技术支持。

外部层包括政策环境、人才培养，以及规则层面的数据流动、金融服务、信用体系、争端解决、数字关境、数字保护、税负减免等，是发展跨境电商的促进因素。政策层面涉及跨境电商相关政策以及海关、税务等不同职能部门的合作；规则层面的因素则是不同国家对跨境电商各个环节的法律要求达成一致，有助于企业在不同国家有序开展业务。

3.7 本章小结

本章结合我国跨境电商的发展从生态系统角度介绍了跨境电商生态系统的内部结构和组成，同时对跨境电商生态系统的种群及种群之间的相关关系进行了深入分析，并以实际的阿里巴巴跨境电商生态系统为例进行了说明。研究发现，跨境电商生态系统内部不同个体承担着跨境电商交易活动中的不同职责，合理的生态结构为种群的互动和跨境电商生态系统的协同发展奠定了良好的基础。此外，生态系统中种群通过内部竞争、协作，外部的共生交互作用，以及与环境的互动，为跨境电商生态系统的发展壮大和繁衍提供了强大动力。在此基础之上，参考跨境电商生态系统种群与阿里巴巴跨境电商生态系统下的生态结构构成，结合跨境电商的运营重新构建跨境电商生态系统，对跨境电商生态系统种群重新进行分层，主要分为核心层、基础层、服务层、外部层，跨境电商涉及的各个要素都归入相应的层级，有利于从层级角度对其进行评价。本章的研究内容为后续章节对跨境电商生态系统的层次结构进行探究奠定了基础。

4

陕西跨境电商发展与竞争力分析

4.1 陕西跨境电商发展现状

4.1.1 跨境电商交易额增长较快

陕西地处内陆，跨境电商总体发展与东部地区相比差距较大，但是在政府的大力推动下，陕西跨境电商在我国内陆地区中发展较快。在《2013 年中国县域电子商务发展指数报告》中，全国 31 个省份（港澳台除外）的县域电子商务发展由高到低分为 6 个梯队，陕西省位列第五梯队，县域电子商务发展指数为 5.38，低于全国县域电子商务发展指数均值（7.45），居全国第27 位。2013 年以后陕西跨境电商政策的出台，推动了陕西跨境电商的快速发展。2022 年上半年，陕西省跨境电商交易额为 65.68 亿元，同比增长 55%[①]，跨境电商发展呈现稳中快进的良好态势。依托综合保税物流园区、"长安号"国际班列、洋货码头等优势，西安作为国家跨境电子商务综合试验区城市，近年来跨境电子商务增长速度每年保持在 30% 以上。海关数据显示，2020 年西安跨境电商年度累计交易额达 67.34 亿元，2022 年第一季度西安跨境电商交易额达 26.86 亿元，同比增长 76.6%，已成为拉动西安外贸增长的新动能。

---

① 崔春华. 上半年陕西省主要商务指标稳中向好 全省跨境电商交易额同比增长 55%［N/OL］. 陕西日报,（2022－08－05）［2022－08－10］. https://www.ishaanxi.com/c/2022/0805/2535104.shtml.

4.1.2 跨境电商企业发展迅速

2015 年，陕西本土的丝路电商开始发力运营，给陕西跨境电商的发展注入了活力。自此之后，陕西在服装、文创、农产品等领域先后出现了诸多优秀的创业型跨境电商企业。涌现了诸如易点天下、西域美农、陕旅优品、赶鸭子跨境购等一批优秀企业（见表 4－1），品类涉及农产品、服饰、家饰、3C 等，经营模式涉及 B2C、C2C，以及跨境电商综合服务平台。

表 4－1 2015 年部分陕西跨境电商企业名录

企业简称	企业全称	业务模式/范围
易点天下	易点天下网络科技股份有限公司	移动营销/跨境电商服务
丝路电商	西安丝绸之路电子商务有限公司	国际出口贸易业务
西域美农	陕西美农网络科技有限公司	农产品电商
Jeulia	西安竹乐网络科技有限公司	跨境出口电商 B2C
道恩网络	西安道恩网络科技有限公司	跨境出口电商 B2C
澳鹏国际	西安澳鹏网络科技有限公司	跨境出口电商 B2C
OrderPlus		
吉客印	西安吉客印电子商务有限公司	国际出口贸易业务
晟运通	陕西晟运通科技有限公司	跨境出口电商 B2C
华创乐尚	西安华创乐尚电子商务有限公司	服饰跨境电商
汇航优品	西安汇航优品网络科技有限公司	服饰、家饰、3C
陕旅优品	陕西旅游集团海外贸易有限公司	综合跨境电商平台
赶鸭子跨境购	西安赶鸭子商贸有限公司	综合跨境电商平台
凯乐电商	西安凯乐电子商务有限公司	服装跨境电商平台
五大洋网络	西安五大洋网络科技有限公司	国际 B2C
美湾宇宙	西安美湾宇宙商务信息咨询有限公司	服饰产品、家装产品、3C
丝路汇	西安大渭文化科技商贸集团有限公司	文化产品

资料来源：网络查找整理而成，https：//www.sohu.com/a/406813479_100072003。

4.1.3 跨境电商试点区域不断扩大

2014 年 3 月，海关总署正式批复西安市成为跨境电商试点城市，西安市政府依托国际港务区开展跨境电商试点工作。2018 年 7 月，西安市获批全国第三批跨境电商综合试验区。不到3年时间，西安市共设立跨境电商创新示范先行区9个，认定跨境电商产业园区12个，注册跨境电商企业超过1000家，相关跨境电商从业人员突破2万人。2019年，西部首个5G跨境电商产业园落户曲江新区。2021年9月，宝鸡物流电商产业园、扶风县电子商务产业园成为陕西新增的2个国家级电子商务示范基地。2020年4月、2022年2月延安、宝鸡分别成为继西安后陕西省第二个、第三个国家级跨境电商综合试验区。

4.1.4 跨境电商平台发展迅速

依托跨境电商试点城市政策，2014年10月，国际港务区牵头开发的西安跨境电子商务平台暨“洋货码头”正式上线，该平台整合了物流、仓储、配送、报关、检验检疫、第三方支付等功能，为入区跨境电商企业提供一站式综合服务。2015—2018年，西安国际港务区进出口单量连年保持30%以上的增长，累计注册企业200余家，敦煌网、阿里巴巴一达通等一批国内知名跨境电商企业和赶鸭子跨境购、丝路城等本土优质企业先后开展业务。园区累计完成跨境进出口1000余万单，其中出口单量占比超过90%，货值超过2亿美元。2018年3月，全国唯一的农业主题“杨凌农科”农产品跨境电商交易平台正式上线。

4.1.5 跨境电商物流——中欧班列高质量发展

依托国际港务区的铁路口岸，西安开创了“中欧班列长安号+跨境电商”贸易模式，每周开通一列“跨境电商”专列；中欧班列西安集结中心已成为中欧班列全国五大枢纽节点之一，目前来自全国3个省份的货源在陕西集散分拨，进口货物基本实现中亚及欧洲地区主要货源地全覆盖。中欧班列2020年发运145列，发送货物达1739万吨，途经西安的“长安号”开通了15条线路（见表4-2）。

截至2021年7月，西安中欧班列共运送货物82134车，累计约150万吨，在开行数量、货运量、重箱率3项核心指标中，持续保持全国第一，成为全国中欧班列高质量发展的典范。2021 年 5 月，顺丰航空的第一条俄罗斯航线——“西安—新西伯利亚”开始项目运营，这是西安咸阳国际机场开通的首条以出口跨境电商货物为主的国际全货运航线。该航线的开通进一步完善了西安咸阳国际机场的国际货运航线配图，进一步提高了陕西进出口的货运能力，助力陕西跨境电商企业开发俄罗斯和东欧市场。陕西依托航空口岸，发挥“临空 + 保税 + 跨境 + 口岸 + 第五航权”的优势，构建了以国际快件和国际冷链运输为主的跨境电商新模式。目前西安已先后建成了航空、铁路两个国家一类口岸和肉类、汽车、冰鲜水产品等 8 个功能性口岸。至此陕西跨境电商产业链和生态系统初步形成，产业聚集效应进一步凸显。

表 4－2 “长安号”途经西安的部分线路

序号	线路
1	从宁波到西安至阿拉木图至阿斯塔纳至莫斯科
2	从宁波到西安至阿拉木图至塔什干至华沙
3	从宁波到西安至塔什干至华沙
4	从宁波到西安至莫斯科
5	从宁波到西安至汉堡
6	从宁波到西安至布达佩斯
7	从宁波到西安至米兰
8	从宁波到西安至根特

资料来源：中国（西安）跨境电商综合试验区线上平台。

4.1.6 跨境电商支付多元化

为了促进陕西跨境电商支付方式的发展，陕西省金融机构不断进行结算方式的创新。2021 年 8 月，在人民银行西安分行和交通银行陕西省分行的推进支持下，“通丝路”陕西跨境电商人民币结算交互平台第一次成功接入现行跨境金融支付系统，成为西北地区第一个安装此系统的电子商务平台。该模式有利于跨境支付从原来的“银银”和“银企”等业务处理方式向“本外币一体化”跨境收付的形式转换，进一步提升了跨境企业的结算效率，减少了企业跨境支付的烦琐流程。

4.1.7 试行海关新增监管模式

2020年9月，“9810”和“9710”的海关监管方式在陕西空港新城进行试点。其中，“9810”是指“跨境电商出口海外仓”，适用于跨境出口电商B2B模式；“9710”是指“跨境电商B2B直接出口”，适用于跨境电商业务出口海外，以及仓库装载货物。依托这种全新的模式，企业充分发挥入区退税、简便申报、退货便利、优惠缴税等业务优势，提高资金周转效率及配送时效，降低物流各种成本支出，增强国际贸易竞争力。

4.1.8 跨境电商政策陆续出台

为促进陕西跨境电商的发展，陕西省政府从跨境电商综合试验区总体发展、物流、税收等方面陆续出台政策。例如，陕西省人民政府办公厅出台《中国（西安）跨境电子商务综合试验区实施方案》（2018年12月）；为专门解决跨境电商企业面临的问题及促进便利化服务，成立陕西省提升企业跨境贸易和投资便利化工作领导小组办公室，出台《2021年陕西省提升企业跨境贸易和投资便利化工作要点》（2021年5月）；在物流方面，陕西省商务厅、陕西省发展和改革委员会、陕西省财政厅等10部门印发《促进商贸物流高质量发展若干措施》（2021年10月）、陕西省发展改革委出台《陕西省“十四五”物流业高质量发展规划》（2021年11月）；在税收方面，国家税务总局陕西省税务局、陕西省财政厅、西安海关共同发布《关于在综合保税区开展增值税一般纳税人资格试点的公告》（2021年2月）等，以上政策的出台对推动“关、税、汇、商、物、融、信”一体化发展作用明显，基本形成了适应陕西跨境电子商务发展的监管服务模式和制度体系。

4.2 对外开放格局下陕西跨境电商竞争力分析

随着电子商务在全球范围内的普及，我国对外贸易开始逐步进入以电商为核心驱动的新旧动能转换时期。新冠疫情加快了全球消费从线下转换到线上的步伐，给我国跨境电商发展带来了巨大的机遇。然而，在跨境电商快速发展的背景下，区域发展不平衡的问题也逐渐凸显。当前我国跨境电商企业多集中在对外开放水平较高的沿海城市。相比之下，陕西作为内陆省份，跨境电商发展稍显落后。这严重制约了陕西地区的对外开放与高质量发展，也不利于区域经济的协同健康发展。

“一带一路”是我国在2013年提出的合作共享的发展倡议，有利于与沿线各国分享产能，加强区域间的经济合作。特别是对于内陆地区而言，“一带一路”倡议为陕西地区对外开放提供了新的平台。跨境电商门槛相对较低，利于带动产业发展和就业。随着“一带一路”的推进以及中欧班列的开通，陕西地区跨境电商的发展有了更优质的制度环境和运输条件。基于此，本书选取内陆省份，构建了评价跨境电商发展竞争力的相关指标体系，基于ANP－TOPSIS模型评价了2015—2019年我国内陆地区跨境电商的发展水平，为进一步优化我国内陆地区跨境电商发展、带动“一带一路”沿线地区贸易开放建言献策。

4.2.1 现有跨境电商学术研究梳理

近年来，随着跨境电商的快速发展，有关跨境电商的学术研究逐渐增多。跨境电商与物流协同、跨境电商与出口升级、跨境电商节点城市以及跨境电商企业是当前与跨境电商研究相关的热点话题。例如，温丽琴等（2020）在研究中指出，当前我国跨境电商与跨境物流协同不畅，缺乏协同机制，直接影响了我国跨境电商的企业绩效。因此需要政府协同推进，进一步完善跨境电商服务体系，推进跨境电商各子系统协同发展。王强（2020）借助熵权法模型比较了我国首批

35 个跨境电商综合试验区的发展绩效情况。结果显示，我国沿海地区跨境电商综合试验区的绩效远高于内陆地区，凸显了当前我国跨境电商发展的区域不均衡性。侯凡（2022）采用 BCC－DEA 模型对跨境电商综合试验区的运营绩效进行测算并进行比较，认为位于粤港澳大湾区及长三角城市群跨境电商综合试验区的绩效水平最高，新一线及二线城市处于规模报酬递增阶段。

区域发展不均衡是现阶段我国区域跨境电商发展的难题。杨宁（2019）认为，“一带一路”倡议的提出为中国跨境电商提供了巨大的发展红利，但仍然需要落实向西开放红利，进一步完善“一带一路”沿线省市基础设施建设，逐步完善与跨境电商相关的法律体系。周芳（2019）基于哈肯的协同理论构建跨境电商产业竞争力模型并初步设计评价指标体系，对上海、杭州、深圳、广州、苏州的跨境电商产业竞争力进行比较，精准解析跨境电商发展区域差距，为提升跨境电商产业竞争力水平、构筑跨境电商产业生态圈提供参考。巩从杰（2019）从我国内陆省份来看，“一带一路”倡议带来的对外开放红利将有利于内陆省份向西开放，深化内陆省份与“一带一路”沿线国家的经济贸易往来，为开拓东南亚、中亚、西亚、东欧等新兴市场提供便利，加快实现对外开放的新旧动能转换。

综合学者已有的研究成果可以发现，关于跨境电商的研究大多是从企业、制度、产业发展等视角进行定性分析，或者是对我国沿海大城市跨境电商发展的案例进行分析，对内陆地区尤其是陕西跨境电商发展的相关研究较少。现有的研究缺乏对陕西地区跨境电商竞争力的评价，因此无法有效地指导陕西地区跨境电商的协同发展。“一带一路”倡议的提出，为陕西对外开放提供了新的窗口，极大地释放了我国内陆地区跨境电商的发展潜力。因此，本书将基于 ANP－TOPSIS 模型进一步测度包括陕西在内的内陆地区跨境电商发展竞争力，为进一步推动陕西地区对外开放，提高陕西地区跨境电商竞争力提供更多的政策参考。

4.2.2 陕西跨境电商发展竞争力评价研究方案设计

1. 研究样本的确定

考虑到城市级别样本数据的可得性较差，因此本书以我国内陆省份为研究对象，在剔除东部沿海省份、西藏自治区后，总共包含18个省份。由于“一带一路”倡议在2013年才被首次提出，而跨境电商在我国内陆地区从2015年开始得到快速发展，因此本书以2015—2019年为研究周期，最终形成了18个研究样本5年的平衡面板数据。

2. 构建评价指标体系

基于已有的研究成果，结合我国内陆地区跨境电商及“一带一路”发展的现状，在遵循科学性、全面性、可靠性和合理性等原则的基础上，以各省份为研究对象。本书分别从经济因素、环境因素、技术因素、物流因素4个方面，构建了11个二级指标、31个三级指标，来综合评价内陆地区跨境电商发展竞争力。各指标详细内容见表4-3。

从经济因素来看，跨境电商具有较强的经济导向性。经济发展水平越高，对跨境电商的需求就越大，同时也有利于吸引跨境电商企业的集聚，如我国长三角地区。此外，产业基础也能够为我国跨境电商企业出口提供充足的产品供应，提高跨境电商发展竞争力。

从环境因素来看，制度环境、产业环境和地理环境对我国内陆地区跨境电商发展的影响较大。从制度环境来看，营商环境的提高能够减少跨境电商企业的经营成本，法治化水平的改善则能够为跨境电商企业提供更多的制度规范。从产业环境来看，网络的普及、智能手机的使用以及交通基础设施的改善都能够为跨境电商产业助力。此外，地理环境是影响我国内陆地区跨境电商发展的重要因素，例如在云贵高原，由于地理环境的限制，产品运输不便制约了跨境电商规模的扩大。

从技术因素来看，人力资本和科技创新对跨境电商的影响相对较大。在科技创新能力较突出的大城市，跨境电商发展的竞争力较强。数字技术、云计算等新型技术的应用为跨境电商市场的开拓创造了更优越的条件，而这可能是制约我国内陆地区跨境电商发展的主要原因。

从物流因素来看，跨境电商的发展需要与跨境物流相协同，跨境物流是跨境电商的重要构成，例如，中欧班列的开通极大地提高了我国内陆地区跨境物流的运输效率，为跨境电商的发展创造了更优越的交通条件。

本书的数据主要来源于历年各省份《统计年鉴》。其中跨境电商企业数量来源于各地工商局网站；省级政府部门政策文件数量来源于各省市人民政府办公厅官网；企业营商条件以及地方法治水平，引自樊纲《中国分省份市场化指数（2020）》；专利数据来自中国专利局；城市通达度数据则是基于12306官网，测算得到各地区通勤时间，具体操作方法见陈芳（2019）。

表4-3　我国内陆地区跨境电商发展竞争力评价指标

一级指标	二级指标	三级指标
经济因素	经济水平	人均地区生产总值、地区生产总值增长率、地区生产总值规模
	市场需求	城市人口规模、城市化率、人口规模、人均消费规模、人均可支配收入、人均快递数量
	产业结构	第三产业比重、流通业占地区生产总值的比重、跨境电商从业人员数、跨境电商企业数量、人均工业产值
环境因素	制度环境	省级政府机关出台的与"一带一路"、跨境电商相关的政策文件数量，企业营商条件以及地方法治水平
	产业环境	互联网普及率、人均智能手机拥有量、等级公路里程数、光缆线路长度
	地理环境	平均海拔起伏程度、每年发生大型自然灾害事件的次数
技术因素	人力资本	人均受教育水平（以省份内平均受教育年限确定）
	科技创新	人均专利数量、人均科技型论文数量
物流因素	物流发展质量	物流公司注册数量、物流企业盈利能力（以营业利润率确定）
	物流发展潜力	物流企业科技水平（以物流企业申请专利数确定）、物流业从业人员数、中欧班列开通数量
	对外物流便利程度	城市通达度（以各城市到省会城市的平均通勤时间确定）

4.2.3 陕西跨境电商发展竞争力评价模型的建立

ANP（Analytic Network Process）分析法（ANP模型）是在（Analytic Hierarchy Process）分析法的基础上进一步衍化的评价系统之间各子模块重要性程度的研究方法。它的研究逻辑是：通过采用相对标度的方法，结合专家或者决策中的经验，通过定性和定量相结合的方法综合评价目标层中各个子指标的相对重要性程度并赋予一定的权重。在实际处理过程中，由于各个子系统都是相互联系的，因此会形成多向层次的联动关系，充分考虑了各变量之间的联系。ANP模型的思路贴近于AHP分析法，具体推导过程可参考温丽琴等（2019）。

TOPSIS（Technique for Order Preference by Similarity to an Ideal Solution）模型在数学上是一种趋于理想解的排序，可以较为客观地在多指标条件下对各方案进行排序。在以ANP分析法确定各指标权重的基础上，可以客观地得到小样本、多指标的可比性排序结果。其基本的步骤如下：

首先，将评价指标趋同，将中性指标和低质指标转化为高优指标：

$$x'_{ij}=\begin{cases}x_{ij} & \text{高优指标}\\ \dfrac{1}{x_{ij}} & \text{低质指标}\\ M/(M+|x_{ij}-M|) & \text{中性指标}\end{cases} \tag{4-1}$$

其次，将评价数据进行归一化处理：

$$Y_{ij}=\begin{cases}\dfrac{x_{ij}}{\sqrt{\sum\limits_{i=1}^{n}(x_{ij})^2}}\\ \dfrac{x'_{ij}}{\sqrt{\sum\limits_{i=1}^{n}(x'_{ij})^2}}\end{cases} \tag{4-2}$$

在构成加权规范矩阵 $\boldsymbol{Z}$ 的基础上，确定最优方案 Z^+ 与最劣方案

Z^-，其中，w_j 为各个指标的 ANP 权重。

$$Z_{ij} = w_j \cdot y_{ij} \tag{4-3}$$

$$Z^+ = (\max Z_{i1}, \max Z_{i2}, \max Z_{i3}, \cdots, \max Z_{in}) \tag{4-4}$$

$$Z^- = (\min Z_{i1}, \min Z_{i2}, \min Z_{i3}, \cdots, \min Z_{in}) \tag{4-5}$$

最后，计算每个样本与最优方案和最劣方案的距离，在此基础上评价其最接近程度 C_i，C_i 的取值范围为 0 到 1，越接近 1 时，说明其竞争力越大。

$$D_i^+ = \sqrt{\sum_{i=1}^{n} (\max Z_{ij} - Z_{ij})^2} \tag{4-6}$$

$$D_i^- = \sqrt{\sum_{i=1}^{n} (\min Z_{ij} - Z_{ij})^2} \tag{4-7}$$

$$C_i = \frac{D_i^-}{D_i^+ + D_i^-} \tag{4-8}$$

4.2.4 陕西跨境电商发展竞争力分析

1. 内陆各省份跨境电商竞争力 TOPSIS 模型估算结果

在 ANP 模型确定各指标权重的基础上，本书采用 TOPSIS 模型估算得到 2015—2019 年我国 18 个内陆省份跨境电商竞争力水平，具体见表 4-4。在对 18 个省份 5 年跨境电商发展竞争力计算均值后，可以发现陕西跨境电商的竞争力较强，位于重庆、湖北、四川之后。而内蒙古、新疆、青海、贵州、宁夏、云南等地是我国内陆地区跨境电商最不具竞争力的省份。从数值来看，我国跨境电商发展不仅存在东西部区域差异，在内陆地区也存在显著的区域差异性，且这种差异性在研究期内有进一步扩大的趋势。将样本分为“一带一路”沿线省份与其他省份，可以发现，“一带一路”沿线省份跨境电商竞争力的增长幅度要大于其他省份，如重庆、陕西、甘肃、宁夏等地跨境电商竞争力的增长幅度较大。通过对 2015—2019 的数值增长幅度的计算、比较可以得出总体上“一带一路”沿线省份跨境电商竞争力的增长幅度大于其他省份，例如重庆、陕西、甘肃、宁夏等地跨境电商竞争力的增长幅度分别为18.5%、32%、56%、65%。这说明“一带一路”倡议为我国内陆地区跨境电商的发展打下了良好的市场基础，有利于我国内陆地区对外开放新格局的形成。

表4-4 TOPSIS模型估算结果（2015—2019年）

省份	2015年	2016年	2017年	2018年	2019年	均值	排序	“一带一路”沿线省份
重庆	0.81	0.89	0.91	0.93	0.96	0.90	1	是
湖北	0.87	0.88	0.85	0.88	0.91	0.88	2	否
四川	0.84	0.84	0.81	0.82	0.86	0.83	3	否
陕西	0.65	0.73	0.80	0.83	0.86	0.77	4	是
河南	0.61	0.58	0.60	0.62	0.65	0.61	5	否
湖南	0.54	0.52	0.53	0.52	0.51	0.52	6	否
山西	0.47	0.51	0.52	0.52	0.53	0.51	7	否
安徽	0.51	0.52	0.49	0.47	0.46	0.49	8	否
江西	0.37	0.38	0.35	0.34	0.36	0.36	9	否
吉林	0.28	0.30	0.31	0.34	0.37	0.32	10	是
甘肃	0.25	0.28	0.30	0.34	0.39	0.31	11	是
黑龙江	0.27	0.29	0.31	0.30	0.34	0.30	12	是
云南	0.21	0.25	0.30	0.30	0.33	0.28	13	是
宁夏	0.20	0.23	0.25	0.29	0.33	0.26	14	是
贵州	0.19	0.20	0.24	0.26	0.23	0.22	15	否
青海	0.21	0.22	0.22	0.23	0.22	0.22	16	是
新疆	0.17	0.21	0.22	0.23	0.21	0.21	17	是
内蒙古	0.10	0.12	0.09	0.10	0.11	0.10	18	是

2. 陕西跨境电商竞争力的影响因素分析

虽然可以借助TOPSIS模型估算得到陕西跨境电商竞争力水平，但并不能直观地得到各个指标的边际贡献程度，也无法厘清影响陕西地区跨境电商发展竞争力的因素。进一步地，本书将表4-3中的二级指标作为解释变量，选取一个权重最大的三级指标作为代理变量，检验影响陕西地区跨境电商发展竞争力的因素。由于本书对被解释变量进行了归一化处理，因此各个解释变量也相应地进行了归一化处理。所涉及的变量及其表示具体见表4－5。

表4－5 实证模型变量的选择

变量类型	变量名	代理变量	表示
被解释变量	跨境电商竞争力	—	Y
解释变量	经济水平	人均地区生产总值	X_1
	市场需求	人均可支配收入	X_2
	产业结构	流通业占地区生产总值的比重	X_3
	制度环境	企业营商条件	X_4
	产业环境	互联网普及率	X_5
	地理环境	平均海拔起伏程度	X_6
	人力资本	人均受教育水平	X_7
	科技创新	人均专利数量	X_8
	物流发展质量	物流公司注册数量	X_9
	物流发展潜力	中欧班列开通数量	X_{10}
	对外物流便利程度	城市通达度	X_{11}

表4－6为本书的回归结果。首先，本书对全样本进行了回归。结果显示，经济水平、市场需求、产业结构、制度环境、产业环境、物流发展质量和物流发展潜力以及对外物流便利程度均与跨境电商发展竞争力呈显著正向相关性，但地理环境则与包括陕西在内的内陆地区跨境电商发展竞争力呈显著负向相关性。从估计系数来看，产业环境、产业结构以及物流发展潜力对内陆省份跨境电商发展竞争力的边际贡献最大。本书认为，产业竞争优势是跨境电商发展的基础，例如，在制造业发展水平较高的湖北、重庆和四川等地，制造业的比较优势能够为当地跨境电商发展提供重要的产业支撑。此外，目前中欧班列在成都、武汉和重庆、西安开通的数量较多，为跨境电商贸易提供了巨大的物流支持，推动了我国内陆地区跨境电商西向的发展。从地理环境角度来看，我国西北、西南地区高低不平的地势制约了区域交通通达度的改善，抑制了各省份产业集聚力的提升，不利于内陆地区跨境电商竞争力的提高。

其次，本书将样本分为高竞争力地区和低竞争力地区，检验不同竞争力条件下陕西跨境电商的影响因素。从结果来看，经济因素和物流因素是陕西跨境电商高竞争力地区的主要发展动能，而环境和物流则是影响陕西跨境电商低竞争力地区发展的主要因素。综合来看，陕西技术因素和经济因素并未对跨境电商的发展形成强有力的支撑，在一定程度上加剧了陕西跨境电商与沿海地区的差距。此外，实证结果显示，无论是高竞争力地区还是低竞争力地区，跨境电商对物流因素的依赖都较高。在“一带一路”倡议下，中欧班列的开通数量逐渐增多，陕西交通基础设施不断完善，跨区域的交通管网提高了区域间的通达程度，在一定程度上改善了陕西地区跨境电商的发展环境。

表 4-6　陕西跨境电商发展竞争力的影响因素

变量	全样本		高竞争力		低竞争力	
	估计系数	T统计量	估计系数	T统计量	估计系数	T统计量
X_1	0.02 ***	5.82	0.04 *	1.87	0.01	0.54
X_2	0.03 *	1.80	0.07	0.08	0.03	4
X_3	0.05 ***	3.34	0.05 **	2.10	0.05 ***	2.82
X_4	0.01 **	2.18	0.03 **	1.99	-0.04 **	-2.51
X_5	0.09 ***	4.40	0.04 **	2.04	0.15 ***	5.21
X_6	-0.04 **	2.02	0.02	1.32	-0.08 **	-2.38
X_7	0.05	0.13	0.03	1.28	0.08	1.23
X_8	0.04	1.28	0.03	1.23	0.07	1.42
X_9	0.03 **	2.45	0.03	1.19	0.03 ***	4.22
X_{10}	0.05 ***	3.12	0.04 **	2.20	0.07 **	2.22
X_{11}	0.04 **	2.42	0.04	1.98	0.05	0.48
R^2	0.76		0.79		0.82	

注：***、**、*分别表示通过了1%、5%以及10%水平上的显著性检验。

4.2.5　结论与建议

“一带一路”为陕西向西开放格局的逐渐推进打下了良好的市场基础，跨境电商作为一种新的经贸模式正逐渐影响我国对外开放格局。本书借助 ANP – TOPSIS 模型测度了我国 2015—2019 年包括陕西在内的 18 个内陆省份跨境电商竞争力，并实证检验了影响陕西地区跨境电商发展竞争力的因素。研究结果表明：第一，重庆、湖北、四川、陕西是我国内陆跨境电商发展竞争力较强的地区，内蒙古、云南等沿边省份则是我国跨境电商竞争力较弱的地区；第二，“一带一路”倡议的施行，对陕西跨境电商发展竞争力的提高有明显的推动效果；第三，经济因素和技术因素对陕西跨境电商发展竞争力的影响有限，但产业条件和物流条件的改善能够显著提高陕西跨境电商的发展竞争力。为进一步推动陕西地区跨境电商的发展，形成区域协同、一体平衡的跨境电商发展新格局，本书提出以下政策建议以供参考。

首先，要以“一带一路”倡议为目标，加快陕西地区向西开放，补齐交通短板。“一带一路”为陕西地区对外开放提供了新的平台，然而交通基础设施落后制约了陕西向西开放的步伐。交通环境的改善有利于提高区域物流效率，为跨境电商贸易提供助力。因此，需要结合“一带一路”发展目标，增加中欧班列的开通数量，加快构建内陆地区跨境物流枢纽，完善区域交通管网，提高内陆地区交通通达性，增强跨境电商的产业辐射和产业带动能力。

其次，形成区域联动发展新格局，优化跨境电商产业发展环境。一方面在制度环境上，要提高地方政府对向西开放的重视程度，为跨境电商企业提供更多的财政、金融、政务支持，降低企业税负，为跨境电商的发展创造良好的营商环境。另一方面，要进一步完善区域联动发展格局，以交通枢纽城市为重要节点，提高陕西地区产业联动程度，以产业联动为跨境电商发展提供物质基础。以跨境电商发展为新的突破口，助力陕西地区与“一带一路”沿线国家的经贸合作。

最后，以科技和人才赋能陕西地区跨境电商竞争力的提高。从实证结果来看，科技落后和人才短缺是制约陕西地区跨境电商竞争力提高的重要因素。因此，陕西政府应该加大对科技和人才的投入力度，积极引进数字创新技术、大数据管理应用手段，提高陕西地区跨境电商发展的效率。同时，培育跨境电商的专业人才，为跨境电商的可持续发展注入动力。

4.3 本章小结

本章主要梳理了陕西跨境电商的发展现状。陕西跨境电商起步较慢，但是随着国家政策的扶持，陕西跨境电商中欧班列的开通、支付平台——“通丝路”人民币结算平台的使用、西安跨境电商试点城市及跨境电商综合试验区的设立、海关“9710”“9810”监管方式的实施等都促进了陕西跨境电商的快速发展。

陕西属于内陆省份，相比东部地区，跨境电商发展缓慢，但是相比其他内陆省份，陕西跨境电商竞争力较强，如何发展陕西跨境电商是各利益主体高度关注的问题。本书借助 ANP - TOPSIS 模型测度了我国 2015—2019 年包括陕西在内的 18 个内陆省份的跨境电商竞争力，得出结论：经济因素和技术因素对陕西跨境电商发展竞争力的影响有限，但产业条件和物流条件的改善能够显著提高陕西跨境电商的发展竞争力。

根据以上结论，本书后续章节将重点围绕产业条件和物流条件进行分析。结合第 3 章重构的跨境电商生态体系，根据陕西跨境电商发展现状，将跨境电商平台、产业基础、跨境电商园区、跨境物流、人才培养分别归入核心层、基础层、服务层、外部层。从层级层面对陕西跨境电商平台、产业基础、跨境电商园区、跨境物流、人才培养等个体的发展现状进行分析，梳理其存在的问题，借鉴其他地区的经验，提出优化对策，以期从总体上推动陕西跨境电商生态系统的协同发展。

5

对外开放格局下陕西跨境电商生态系统核心层：服务平台

5.1 跨境电子商务平台的发展历程

5.1.1 外贸信息服务阶段（1999—2003 年）

外贸信息服务阶段的主要业务模式是线上展示、线下交易。第三方平台在该阶段的主要功能是为企业信息和产品提供一个网络展示平台，不涉及网络上的任何交易环节。此时的盈利模式主要是通过企业的信息显示来收取会员费（如年服务费）。在跨境电子商务的发展过程中，逐步衍生出竞争性招标推广和咨询服务，为供应商提供一站式的信息流增值服务。

在外贸信息服务阶段，阿里巴巴国际平台和全球资源网络为典型平台。阿里巴巴国际平台成立于 1999 年，是中国最大的外贸信息黄页之一，提供基于网络的信息服务和线下会议交易。全球资源网络成立于 1971 年，前身为“亚洲资源”，是亚洲较早的贸易市场信息提供商。随后中国制造、Kellysearch 等大量跨境电商平台出现。虽然外贸信息服务通过互联网解决了中国贸易信息面向世界买家的问题，但仍无法完成网上交易，外贸电子商务产业链只发展至完成信息流的整合环节。

5.1.2 跨境电商阶段（2004—2012 年）

2004 年，随着敦煌网的推出，我国进入跨境电子商务阶段。这一阶段，跨境电子商务平台开始摆脱纯信息黄页展示行为，线下交易、支付、物流等流程逐步实现电子化。

与第一阶段相比，跨境电子商务更能体现电子商务的本质，借助电子商务平台，通过服务和资源的整合，有效突破上下游供应链，包括 B2B 平台模式和 B2C 平台模式。在跨境电商阶段，B2B 平台模式是跨境电商的主流模式。

在此阶段，第三方平台实现多元化营收，改变收费模式，增加后向收费模式，从收取“会员费”模式转变为收取交易佣金，即按交易金额的一定比例收取佣金。同时平台还通过开展营销推广、支付、物流等多种服务来增加收益。运营方面由个人代购模式向海淘模式、规范平台模式转变。代表性的平台有洋码头和环球易购等。

5.1.3 跨境电商转型阶段（2013 年至今）

2013 年是跨境电商的转型期，主要体现在跨境电商产业链商业模式的转变。随着跨境电商商业模式的转变，跨境电商迎来了迅速发展的时期。

跨境电商在此阶段呈现大型工厂上线数量增加、企业买家规模上升、大中型服务提供商的比重增加、大型服务提供商的加盟、移动用户数量的激增等特点，以上特点促使跨境电商产业服务升级，提升了平台承载能力，推动了跨境电商全产业链在线服务的发展。在此阶段，用户群体不断发生变化，从草根创业阶层扩大到生产工厂、进出口外贸公司。跨境电商平台销售的产品也由网店商家、二手货源向一手货源品级更高的产品转型。主平台模式也从 C2C、B2C 转变为 B2B、M2B 模式，批发买家的中大额交易成为主平台订单。平台的发展推动了代运营、营销、翻译、为商家提供技术支持的系统集成公司的发展，为跨境电商生态系统的建立奠定了基础。

同时此阶段跨境电商政策密集出台，从跨境电商试点城市到设立各省市跨境电商综合试验区，众多企业进入跨境电商市场，跨境电商平台不断涌现，出口跨境电商平台以欧美、东南亚、中东地区为主

（见表5－1），进口跨境电商平台包括自营平台、第三方平台及导购返利平台（见表5－2）。企业之间的竞争越来越激烈，多家跨境电商企业进行多轮融资，对行业内资源进行整合，如阿里巴巴20亿美元全资收购网易考拉，在进口跨境电商中市场占有率排名第一。

表5－1 中国主要出口跨境电商平台

序号	平台名称	覆盖国家和地区
1	亚马逊	北美、欧洲、日本等多个国家和地区
2	eBay	全球190多个国家与地区
3	速卖通	全球220个国家和地区，主要交易市场为俄罗斯、美国、西班牙、巴西、法国等国家
4	Wish	欧美地区客户
5	敦煌网	全球223个国家和地区
6	Lazada	东南亚地区
7	Shopee	东南亚及中国台湾
8	SHEIN	美国、欧洲、中东、印度
9	Shopify	全球180多个国家与地区
10	兰亭集势	全球200个国家和地区

资料来源：笔者查找整理而成，https：//www.hishop.com.cn/kuajing/show_110847.html。

表5－2 中国主要进口跨境电商平台

序号	平台名称	平台特点
1	亚马逊	自营平台 电商自行采购，打通整条供应链 优势：正品保证，信誉好，货源稳定 劣势：运营成本、风险较高
2	考拉海购	
3	唯品会	
4	天猫国际	第三方平台 国外品牌商、渠道商、职业买手入驻平台 优势：货源广，品类多 劣势：招商缓慢，品质难以保证，存在支付风险
5	洋码头	
6	京东国际	
7	淘宝全球购	
8	一淘	导购返利平台 为消费者提供产品信息推荐，为商家引流 优势：品类多，可以获得消费者前端需求 劣势：购物流程烦琐，无法提供一站式服务
9	55海淘	
10	什么值得买	

资料来源：张函．跨境电子商务基础［M］．北京：人民邮电出版社，2019.

由于行业竞争激烈，此阶段行业优胜劣汰明显，多家跨境电商关停，2021年，跨境电商平台关停12家（见表5－3），其中广东、北京分别为3家，各自占比为25%；上海、江苏分别为2家，各自占比为16.67%；河南和天津各1家，各自占比为8.33%。涉及进出口跨境电商平台及跨境服务商平台，其中进口电商平台、出口电商平台、跨境服务商平台数量分别为7家、2家和3家。其存活时间差异较大，但最长不超过15年，其中成立于2007年，旗下拥有服装电商Sammydress、数码电商Gearbest和海淘电商五洲会等电商平台的环球易购存活时间为14年8个月。

表5－3　2021年关停的跨境电商平台

序号	平台名	所属行业	所在地	上线时间	关停时间	存活时间
1	乐吾淘	进口电商	江苏省南京市	2015年4月1日	2021年1月12日	存活5年9个月
2	GMALL全球购	进口电商	北京市	2014年5月1日	2021年1月15日	存活6年8个月
3	泛联科技	跨境服务商	河南省郑州市	2018年11月1日	2021年1月27日	存活2年2个月
4	享逛商家版	进口电商	天津市	2017年9月1日	2021年1月28日	存活3年4个月
5	易思拓	跨境服务商	广东省深圳市	2013年10月1日	2021年2月3日	存活7年4个月
6	海天下	进口电商	上海市	2017年6月1日	2021年2月19日	存活3年8个月
7	海淘天下	跨境服务商	广东省深圳市	2015年9月1日	2021年2月19日	存活5年5个月
8	银河进口车	进口电商	北京市	2018年6月1日	2021年3月3日	存活2年9个月
9	买个便宜货	进口电商	江苏省南京市	2013年1月1日	2021年3月15日	存活8年2个月
10	HIGO	进口电商	北京市	2015年1月1日	2021年8月22日	存活6年7个月
11	VOVA	出口电商	上海市	2019年10月1日	2021年10月8日	存活2年0个月
12	环球易购	出口电商	广东省深圳市	2007年3月1日	2021年11月24日	存活14年8个月

资料来源：“电数宝”（DATA.100EC.CN）。

5.2 跨境电商平台的运营模式

5.2.1 第三方开放平台模式

第三方开放平台通过互联网流量进行交易，而且对技术要求较高，产品购销各方均独立于跨境电商平台，经由第三方跨境平台实现交易，其业务包含但不限于供求信息的发送和查询、交易方式的建立、付款和配送。具体包括全球速卖通、敦煌网、环球资源网、阿里巴巴国际站。其中，全球速卖通是由中国阿里巴巴集团为协助中小型企业对接终端市场的批发商与零售商，实现小批次发货，而全力打造的集订货、付款、配送于一体的跨境电商交易平台。

敦煌网是全球电商最早的一批参与者，是国内首个为我国中小型企业提供B2B网上交易的网站。环球资源网致力于促进世界各地供货商与购买者之间在各个产业市场中的交易。具体而言，环球资源网搜集并整合世界各地出口商品的图像与资讯，向世界各地消费者进行宣传。同时，环球资源网还提供国际贸易软件和咨询服务，从而推动了跨境电商的发展。

1. 第三方开放平台的优势

首先，推广成本低。对于一般公司而言，第三方电子商务平台费用相对低廉。在传统销售中，企业人员的销售、营业宣传、参与商品交易等行为都会产生较大的推广成本，而使用第三方电子商务平台能够大幅降低推广成本。

其次，针对性强、用户流量大。和其他形式的网络销售相比，使用第三方网络电子商务平台交易最明显的优点就是货源广、品类多、针对性强、用户流量大、交换信息丰富、宣传实效突出。同时信息传播速度快、覆盖范围广，中国境内用户和海外用户均可查询到商家的产品。

2. 第三方开放平台的劣势

首先，招商缓慢，品质难以保证。第三方开放平台通过搭建平台，吸引品牌商、渠道商、职业买手入驻，平台之间易于展开激烈竞争，不利于平台招商。同时由于产品来源渠道的多样性，品质难以保证。

其次，资金风险较高。消费者下单后产生的支付信息存在于第三方开放平台，如果这些平台的信用度较低或保密措施较差，就会导致信息泄露。同时因为有大批流动资金寄存在支付平台账户，而第三方平台又不是金融组织，所以面临大批流动资金寄存的经营风险。如果后期该平台倒闭，消费者之前所购置的“电子货币”将无法获得法律保护。

5.2.2 自营跨境电商平台

自营跨境电商平台是企业通过自行建立平台，自主在全球采购商品，在平台上进行销售，赚取价差的平台。主要包括亚马逊、考拉海购、兰亭集势、大龙网、唯品会等。其中，兰亭集势是在中国整合了供应链业务的在线 B2C（国内称为 L2C，Light in the Box to Customer）平台，它拥有一系列供货商服务，设有独立的仓储及物流配送。大龙网是中国进口跨境电商 O2O 模式的先驱和倡导者，旗下设有速卖宝供应商服务平台、跨境 O2O 网贸会、18985 综合服务平台、Dinodirect 国际旗舰店等众多品牌，业务范围遍及全世界。在世界各地设有 10 多个子公司，遍布俄罗斯、美洲、英国、巴基斯坦和巴西等地，国内外雇员达千余名。

1. 自营跨境电商平台的优势

首先，自主性较高。自营型的跨境电商平台由于企业自己搭建平台，电商自行采购，自主进行销售，可以掌握主动权，从平台规则的制定到选品、销售、物流等环节的自主性较高，有利于平台打通整条供应链。

其次，正品保证，信誉好，货源稳定。由于自营跨境电商平台组织专业的团队在全球范围内进行采购，因此能够保证正品，货源的稳定性较好，有利于平台打造良好的信誉。同时自营跨境电商平台相比第三方跨境电商平台更有利于维系客户。第三方跨境电商平台的客户更容易熟悉入驻的品牌商、中间商等卖家；自营跨境电商平台的客户接受的是平台，用户了解平台、下单、收到货物等整个流程是对平台形成信任的过程，方便平台培育客户的忠诚度，累积客户信息，便于精准营销。

2. 自营跨境电商平台的劣势

首先，运营成本较高。自营跨境电商平台自主进行采购、自主进行销售的方式需要平台垫付大量资金，平台运营、推广也需要资金的持续投入，导致其运营成本较高。

其次，品类有限。自营跨境电商平台在成立初期可能受成本、资源等方面的限制，导致其经营品类有限，只以某一类产品为主。例如早期经营婚纱类产品的兰亭集势及经营化妆品类的莎莎网等。

最后，运营风险较高。选品对跨境电商的重要性不言而喻，若选品存在偏差或消费者选择发生变化，易于导致产品积压，产生大量的仓储费，增加其运营风险；一旦资金链断裂，平台可能会存在关停的风险。同时自营跨境电商平台自主销售需要企业采用多种方式进行引流，增加曝光率，提升下单率，对平台整体的运营方案及风险评判、把控的要求较高。

5.3 陕西政府主导型的跨境电商平台

陕西跨境电商平台主要包括政府主导型的跨境电商平台和市场主导型的跨境电商平台。政府主导型的跨境电商平台主要包括西安跨境贸易电子商务服务试点平台、“通丝路”陕西跨境电子商务人民币结算服务平台、“丝路城”跨境电商平台、西安综合试验区线上综合服务平台。

5.3.1 陕西政府主导型的跨境电商平台发展历程

1. 西安跨境贸易电子商务服务试点平台

2014年3月，海关总署批复西安开展跨境贸易电子商务出口试点，2014年5月，跨境电商试点平台进行流程测试，2014年10月完成了平台的全部建设工作。2014年10月28日，西安跨境贸易电子商务服务试点平台西安国际港务区正式上线，为进出口提供贸易便利。

2. "通丝路"陕西跨境电子商务人民币结算服务平台

随着跨境电商的发展，中国人民银行西安分行2015年提出了"互联网+跨境人民币"设想，倡导在全国建立跨境电子商务人民币结算平台。2018年，平台逐步建成，在试运行阶段就覆盖了陕西省60%的县域地区，其中集中连片特殊困难县（区）32个，可帮扶农户上千家，其中建档立卡贫困户上百家。

"通丝路"平台可实现十大功能，包括企业宣传推广、产品信息发布、贸易合同撮合、交易订单生成、在线人民币结算、信用担保服务、贸易融资服务、在线报关报检、跨境人民币及国际收支申报。"通丝路"平台属于B2B综合性服务平台，由西安金融控股有限公司运营管理、中国银行陕西省分行提供结算服务，主要服务于小微企业和农户将陕西特色产品推向全球市场。

3. "丝路城"跨境电商平台

在"一带一路"倡议以及"长安号"运行的背景下，2017年3月24日，西安国际港务区管委会和陕西省电子商务行业协会联合推出"丝路城"跨境电商平台，该平台总部设于西安国际港务区，已在哈萨克斯坦阿拉木图和卡拉干达建成了28500平方米丝路城，搭建了www.silkroad.city跨境电商平台，构筑了从西安经由哈萨克斯坦，辐射中亚五国、俄罗斯、白俄罗斯及中东欧国家的物流贸易走廊，将产品推广到哈萨克斯坦及中亚等地，形成了中哈两地多方共赢的"大通道+商户群"的新模式。浙江、广东等丝绸之路电子商务联盟成员单位及多家企业与陕西省电商协会、“丝路城”跨境电商平台签订入驻和战略合作协议。

4. 西安综合试验区线上综合服务平台

2018 年，西安获批建设中国（西安）跨境电商综合试验区，此后西安综合试验区线上综合服务平台上线。该平台以国际贸易“单一窗口”为基础，与海关总署跨境电子商务统一版信息化系统进行对接，与商务、海关、税务、工商、检验检疫、邮政、外汇等政府部门进行数据交换和互联互通，具备三单对碰、申报、清单管理、入库、运抵申报、离境申报等信息的录入或智能处理功能。平台的对接在实现政府管理部门之间“信息互换、监管互认、执法互助”的同时，为跨境电子商务企业提供物流快递、金融等供应链服务。平台具体包括线上“单一窗口”和线下“综合园区”两大平台，涉及信息共享、金融服务、智能物流、电子商务信用、统计监测和风险防控六大体系。

线下综合园区主要包括西安国际港务区、西咸新区空港新城等。以上园区是陕西省、西安市为打造内陆改革开放新高地而设立的经济先导区，是陕西省践行国家“一带一路”倡议、建设对外开放大通道的重要抓手和主要平台，是陕西自贸区的核心板块。线下产业园区平台采取“一区多园”的布局方式，有效承接线上综合信息服务平台功能，优化配套服务，打造完整的产业链和生态圈。

2019 年，通过西安综合试验区线上综合服务平台，陕西省完成进口清单量 105123 票，进口货物达 4199.6 万元，税额达 164.1 万元；2020 年 1—6 月，陕西省完成进口清单量 5783.1 票，进口货物达 298421 万元，税额达 203.8 万元；2020 年 1—9 月运输方式中航空运输、铁路运输的占比分别为 27.05%、72.95%。2019 年，采用保税进口货值为 2648.2 万元，占比为 63%，其中直邮保税货值为 1551.4 万元。目前进驻西安综合试验区线上综合服务平台的企业总数为 246 家，其中高级认证企业为 157 家；在 8 个国家建立 10 个海外仓，其中在美国建立3个海外仓。

5.3.2 西安综合试验区线上综合服务平台单一窗口

2016年12月31日，中国电子口岸数据中心负责运行维护的“中国国际贸易单一窗口”（以下简称“单一窗口”）统一门户网站于西安正式上线运行。“单一窗口”是在原“中国电子口岸”网站的基础上升级建成的全国“单一窗口”的统一入口和口岸综合资讯服务平台。2017年5—6月，国家口岸管理办公室会同21个国家部委联合研发的国际贸易“单一窗口”标准版在陕西、天津、浙江、福建、重庆5个省（市）进行试点，国际贸易“单一窗口”上线运行是国家和陕西省进一步提升贸易便利化、缩短通关时间、提高通关效率、降低通关成本的重要举措，已成为陕西自贸试验区建设中的亮点，目前包含在西安综合试验区线上综合服务平台中。

西安综合试验区线上综合服务平台“单一窗口”的应用简化了贸易手续，降低了企业通关成本，提高了口岸通关及经济运行效率。企业应用“单一窗口”进行申报，实现“一个窗口、一次录入、统一标准、统一反馈、一次办结”的通关模式，根据估算可减少纸质单据60%，每批报检可节省15～30元，每单原产地证申报可节省约30元，每票报关单可节省约15元。大幅减少了口岸查验吊柜开箱次数、缩短了船舶在港时间，节省通关营运成本60%，作业效率提高近50%，入境货物集装箱平均堆期减少1.75天以上。

5.4 陕西市场主导型的进口跨境电商平台评价

由于陕西缺乏本土的市场主导型跨境电商平台，陕西跨境电商企业和消费者主要通过亚马逊、Wish、小红书、洋码头、海淘1号、海豚家、海狐海淘、寺库、全球速卖通、考拉海购、W家德国、天猫国际等平台进行进出口交易，由于市场主导型的平台较多，本书对具有代表性的小红书、洋码头、海淘1号、海豚家、海狐海淘、寺库进行评价。

5.4.1 进口跨境电商平台评价评级

为便于对进口跨境电商平台进行评价，本书特选取平台回复率、回复时效性、用户满意度计算综合指数对小红书、洋码头等跨境电商平台进行评价，各指标解释如下：

平台回复率：平台将用户投诉移交给被投诉电商后，被投诉电商的有效回复率。

回复时效性：平台回复时间小于72小时为1.0，回复时间大于72小时且小于120小时为0.6，回复时间大于120小时为0。

用户满意度：10分满分制，数据只截取已评分的用户投诉，未评分的用户投诉将不被纳入满意度数据基数的统计。

$$综合指数=\frac{0.5\times 平台回复率+0.3\times 回复时效性+0.2\times 用户满意度}{10}$$

评级划分由综合指数高低决定：

不建议下单∈［0，0.4），谨慎下单∈［0.4，0.75），建议下单∈［0.75，1.0］。同时考虑到投诉量的多少与平台的市场占有率有直接关系，故投诉量不列入评级统计范畴。

表5－4　2018—2021年小红书跨境电商平台评级表 （%）

时间	平台回复率	回复时效性	用户满意度	综合指数	评级
2018年	0.8409	0.77	4.088	0.747	谨慎下单
2019年	0.9465	0.923	4.595	0.854	建议下单
2020年	1	1	6.87	0.945	建议下单
2021年	1	1	4	0.893	建议下单

表5－5　2018—2021年洋码头跨境电商平台评级表 （%）

时间	平台回复率	回复时效性	用户满意度	综合指数	评级
2018年	0.75	0.587	3.846	0.642	谨慎下单
2019年	0.8346	0.752	4.0	0.737	谨慎下单
2020年	0.992	0.893	2.727	0.837	建议下单
2021年	0.9062	0.694	5.5	0.781	建议下单

表 5-6　2021 年各跨境电商平台评级表　　(%)

平台	平台回复率	回复时效性	用户满意度	综合指数	评级
小红书	1	1	4	0.893	建议下单
海淘 1 号	0.857	0.8	10	0.869	建议下单
海豚家	0.963	0.881	2	0.806	建议下单
洋码头	0.9062	0.694	5.5	0.781	建议下单
海狐海淘	1	0.889	0	0.767	建议下单
寺库	0.8706	0.490	2.537	0.652	建议下单

从表 5-4、表 5-5、表 5-6 中可以看出，2018—2021 年，小红书的综合指数高于洋码头，小红书的平台回复率、回复时效性、用户满意度相对较高。在 2021 年各跨境电商平台评级表中，小红书的综合指数相对最高，但在用户满意度上相对较低。

5.4.2　进口跨境电商平台应采取的措施

从表 5-6 中可以看出，各平台的用户满意度都不同程度地存在问题，因此要积极提升用户满意度。具体可采取以下措施：

第一，结合消费者跨境购买偏好，增加平台经营商品品类。齐全多样的商品品类不仅能够满足消费者的一站式购买需求、提升购物效率，还有助于增强跨境电商平台的用户黏性。相较于海豚家，综合型电商海淘 1 号更易受到用户的青睐、更具竞争优势，并有利于提升平台绩效。跨境电商平台在成立初期可能受资金、人力、技术等方面的限制，导致其无法直接定位于综合型平台，但随着企业规模的扩大，平台应注重结合消费者跨境购买偏好，增加所经营商品的品类，逐步实现从垂直型电商向综合型电商转型升级，从而增强自身竞争优势并提升平台绩效。

第二，改变营销模式，了解消费者的实际需求。跨境电商平台要想占据更大的市场份额，就必须要了解消费者的实际需求，加强与消费者的沟通。小红书“社区 + 电商”的模式，正好契合这一营销需求。同时运营模式的独特性为其带来较高的流量转化率。如图 5-1

所示，品牌商可以直接在网络社区进行自主营销推广，消费者可以在社区中直接获得品牌商提供的信息，有购买意愿的用户能够直接在社区内下单购买。社区的主要作用在于，它是一个提供信息交换的平台，发挥着为电商引流的作用。

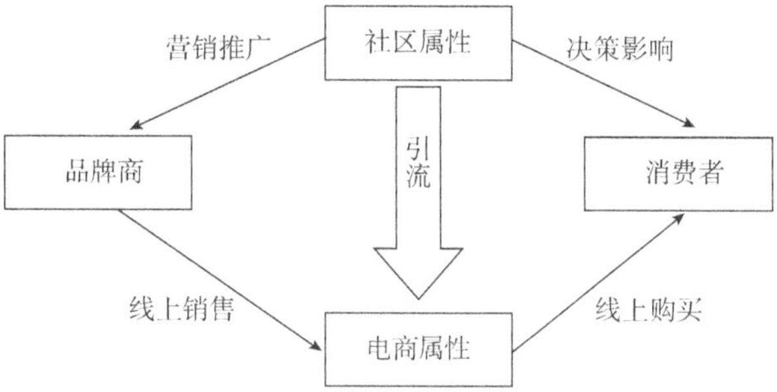

图 5－1　小红书跨境电商平台运营模式

在小红书“社区＋电商”的模式下，用户具有较高的自主性，可以在社区内搜索笔记。用户通过分享笔记的形式，将自己对产品的使用心得通过文字、图片等上传至平台，同时附上该产品在小红书福利社的链接，激发其他用户的购买欲望，进而转化为福利社的购买率。其他用户在浏览笔记后，可以直接通过点击链接，挑选并购买适合自己的产品。千瓜数据调查显示，在小红书的用户原创笔记中，单日笔记曝光次数高达 80 亿次，月产生笔记数量约有 200 万条，点赞数量约有 3000 万个。这些数据为小红书了解用户偏好，分析最受用户喜好的产品提供了重要的数据支持。平台通过对用户的偏好进行分析，还可以为用户推送感兴趣的笔记，以此来提高用户在福利社的购买率。这种以消费者向消费者推荐的独特模式，收集了消费者对不同商品不同的体验感受方面的相关数据，这些数据可以让消费者找到性价比较高的商品，提高用户挑选商品的满意度。小红书这种独特的口碑营销模式，极大地提升了口碑转化率和复购率，提高了用户的满意度，同时也培养出一大批具有高黏性和忠诚度的用户。

第三，立足于大众需求，逐步满足个性化需求。跨境购买的便利化、常态化，使得消费者对海外商品的需求也逐步向多样化、个性化方向发展，他们不再局限于购买大众化的爆款商品，更乐于将目光转移至能够彰显自身个性、突出展示自我特点的小众商品上。小红书后台可以通过收集大量用户笔记的发布、浏览、点赞、关注、收藏、分享等数据信息，分析用户的兴趣爱好，并向用户推送与其相关的、能够满足用户需求的商品。小红书依靠大量高黏性、高忠诚度的用户，实现了对用户海量数据的收集，提高了用户分析的准确性，实现了个性化的产品推荐。跨境电商平台在依据商品的热销程度选择所要经营的商品种类时，要善于发现消费行为的转变，在立足于大众需求的同时，还应致力于发掘优质小众商品，不断满足用户的个性化需求，实现从爆款型电商向长尾型电商的转变，不断增强平台的用户黏性，提升其竞争优势及可持续发展能力。

5.5 陕西市场主导型的出口跨境电商平台评价

本书借鉴层次分析法对亚马逊、Wish 跨境电商平台系统对陕西跨境电商企业的适用性进行评价，选取了 5 个一级指标、10 个二级指标、25 个三级指标。本书结合陕西跨境电商出口企业实际使用情况，引用 Thomas L. Saaty 的 9 标度法，对跨境电商平台的评价指标进行比较，构造出两两判断矩阵。运用 AHP 软件经过计算和判断，最终得出跨境电商平台绩效评价指标体系中各个评价指标的权重（见表 5－7）。

表 5－7　跨境电商平台绩效评价指标体系权重表

一级指标		二级指标		三级指标	
名称	权重 W	名称	权重 W	名称	权重 W
平台特性 A_1	0.0406	系统保障 A_{11}	0.0338	安全性 A_{111}	0.0222
				稳定性 A_{112}	0.0098
				Alexa 指数 A_{113}	0.0018
		操作感知 A_{12}	0.0068	操作便捷性 A_{121}	0.0045
				功能齐全性 A_{122}	0.0023

续表

一级指标		二级指标		三级指标	
名称	权重 W	名称	权重 W	名称	权重 W
资源建设 A_2	0.4137	信息管理 A_{21}	0.0828	完善性 A_{211}	0.0074
				有用性 A_{212}	0.0486
				易理解性 A_{213}	0.0268
		运营能力 A_{22}	0.3309	供应链管理能力 A_{221}	0.0388
				绩效管理 A_{222}	0.0888
				营销能力 A_{223}	0.2033
资金管理 A_3	0.1729	交易成本 A_{31}	0.1513	支付信用度 A_{311}	0.1261
				服务收费 A_{312}	0.0252
		资金服务 A_{32}	0.0216	融资贷款服务 A_{321}	0.0052
				报关、报税服务 A_{322}	0.0045
				第三方支付担保 A_{323}	0.0119
物流服务 A_4	0.2782	仓储建设 A_{41}	0.2385	国内仓建设 A_{411}	0.0477
				海外仓建设 A_{412}	0.1908
		跟踪服务 A_{42}	0.0397	配送周期 A_{421}	0.0260
				物流信息对接 A_{422}	0.0038
				物流优惠服务 A_{423}	0.0099
用户管理 A_5	0.0946	客户服务 A_{51}	0.0236	信用机制 A_{511}	0.0197
				用户培训 A_{512}	0.0039
		纠纷处理 A_{52}	0.0710	退货机制 A_{521}	0.0355
				解决时效 A_{522}	0.0355

5.5.1 模糊综合评价法评价步骤

1. 建立评价指标集

$A = (A_1, A_2, A_3, A_4, A_5)$

具体评价指标集：

$A_1 = (A_{11}, A_{12}), A_{11} = (A_{111}, A_{112}, A_{113}), A_{12} = (A_{121}, A_{122})$

$A_2 = (A_{21}, A_{22}), A_{21} = (A_{211}, A_{212}, A_{213}), A_{22} = (A_{221}, A_{222}, A_{223})$

$A_3 = (A_{31}, A_{32}), A_{31} = (A_{311}, A_{312}), A_{32} = (A_{321}, A_{322}, A_{323})$

$A_4 = (A_{41}, A_{42}), A_{41} = (A_{411}, A_{412}), A_{42} = (A_{421}, A_{422}, A_{423})$

$A_5 = (A_{51}, A_{52}), A_{51} = (A_{511}, A_{512}), A_{52} = (A_{521}, A_{522})$

2. 建立评价指标集

$V = (V_1, V_2, V_3, V_4, V_5)$ = (非常满意, 比较满意, 一般, 不太满意, 很不满意)

各项具体赋分如表 5-8 所示。

表 5-8 评判集赋分表

评判集				
非常满意（分）	比较满意（分）	一般（分）	不太满意（分）	很不满意（分）
90	80	60	40	10

3. 建立权重向量 W

根据表 5-7 可得:

$W = (W_1, W_2, W_3, W_4, W_5)$

$W_1 = (0.0338, 0.0068)$

$W_2 = (0.0828, 0.3309)$

$W_3 = (0.1513, 0.0216)$

$W_4 = (0.2385, 0.0397)$

$W_5 = (0.0236, 0.0710)$

$W_{11} = (0.0222, 0.0098, 0.0018)$, $W_{12} = (0.0045, 0.0023)$

$W_{21} = (0.0074, 0.0486, 0.0268)$, $W_{22} = (0.0388, 0.0888, 0.2033)$

$W_{31} = (0.1261, 0.0252)$, $W_{32} = (0.0052, 0.0045, 0.0119)$

$W_{41} = (0.0477, 0.1908)$, $W_{42} = (0.0260, 0.0038, 0.0099)$

$W_{51} = (0.0197, 0.0039)$, $W_{52} = (0.0355, 0.0355)$

4. 建立模糊关系矩阵

$$\boldsymbol{R} = \begin{bmatrix} R_{11} & \cdots & R_{1n} \\ \vdots & \ddots & \vdots \\ R_{m1} & \cdots & R_{mn} \end{bmatrix}$$

选择10家使用“亚马逊”跨境电商平台的企业进行问卷测评，数据整理之后建立亚马逊跨境电商平台绩效评价模糊关系矩阵（见表5-9）。

表5-9 亚马逊跨境电商平台绩效评价模糊关系矩阵

指标			评判集				
一级	二级	三级	非常满意	比较满意	一般	不太满意	很不满意
A_1（0.0406）	A_{11}（0.0338）	A_{111}（0.0222）	3	5	2	0	0
		A_{112}（0.0098）	3	6	1	0	0
		A_{113}（0.0018）	0	2	6	1	1
	A_{12}（0.0068）	A_{121}（0.0045）	1	5	3	1	0
		A_{122}（0.0023）	2	5	2	1	0
A_2（0.4137）	A_{21}（0.0828）	A_{211}（0.0074）	0	5	2	2	1
		A_{212}（0.0486）	2	4	2	2	0
		A_{213}（0.0268）	3	5	2	0	0
	A_{22}（0.3309）	A_{221}（0.0388）	1	2	5	2	0
		A_{222}（0.0888）	0	3	4	2	1
		A_{223}（0.2033）	0	2	4	2	2
A_3（0.1729）	A_{31}（0.1513）	A_{311}（0.1261）	2	3	4	1	0
		A_{312}（0.0252）	2	4	4	0	0
	A_{32}（0.0216）	A_{321}（0.0052）	0	3	3	2	2
		A_{322}（0.0045）	4	3	1	1	1
		A_{323}（0.0119）	0	1	6	2	1
A_4（0.2782）	A_{41}（0.2385）	A_{411}（0.0477）	2	5	2	1	0
		A_{412}（0.1908）	0	3	4	3	0
	A_{42}（0.0397）	A_{421}（0.0260）	4	6	0	0	0
		A_{422}（0.0038）	4	5	1	0	0
		A_{423}（0.0099）	2	4	2	2	0
A_5（0.0946）	A_{51}（0.0236）	A_{511}（0.0197）	4	4	2	0	0
		A_{512}（0.0039）	3	5	2	0	0
	A_{52}（0.0710）	A_{521}（0.0355）	2	4	4	0	0
		A_{522}（0.0355）	3	4	3	0	0

5. 合成模糊评价矩阵

根据下面表达式得出各评价指标的最终分值：

$$S = W \times R = (W_1 \quad \cdots \quad W_n)\begin{bmatrix} R_{11} & \cdots & R_{1n} \\ \vdots & \ddots & \vdots \\ R_{m1} & \cdots & R_{mn} \end{bmatrix}$$

由表5－9构建亚马逊跨境电商平台系统保障的衡量指标子集：

$$R_{111} = (35200)$$

$$R_{112} = (36100)$$

$$R_{113} = (02611)$$

因此系统保障的模糊矩阵为：

$$R_{11} = \begin{pmatrix} 3\,5\,2\,0\,0 \\ 3\,6\,1\,0\,0 \\ 0\,2\,6\,1\,1 \end{pmatrix}$$

计算并进行归一化处理可得：

$$S_{11} = W_{11} \times R_{11} = (0.0222 \quad 0.0098 \quad 0.0018)\begin{pmatrix} 3\,5\,2\,0\,0 \\ 3\,6\,1\,0\,0 \\ 0\,2\,6\,1\,1 \end{pmatrix}$$

$$= (0.096 \quad 0.173 \quad 0.065 \quad 0.002 \quad 0.002)$$

同理可得：

操作感知的隶属度评价值：

$$S_{12} = (0.001 \quad 0.003 \quad 0.002 \quad 0.007 \quad 0)$$

信息管理的隶属度评价值：

$$S_{21} = (0.178 \quad 0.365 \quad 0.166 \quad 0.112 \quad 0.056)$$

运营能力的隶属度评价值：

$$S_{22} = (0.216 \quad 0.954 \quad 1.362 \quad 0.662 \quad 0.203)$$

交易成本的隶属度评价值：

$$S_{31} = (0.303 \quad 0.479 \quad 0.605 \quad 0.126 \quad 0)$$

资金服务的隶属度评价值：

$$S_{32}=(0.009 \quad 0.05 \quad 0.041 \quad 0.039 \quad 0.027)$$

仓储建设的隶属度评价值：

$$S_{41}=(0.095 \quad 0.811 \quad 0.859 \quad 0.620 \quad 0)$$

跟踪服务的隶属度评价值：

$$S_{42}=(0.139 \quad 0.215 \quad 0.024 \quad 0.020 \quad 0)$$

客户服务的隶属度评价值：

$$S_{51}=(0.091 \quad 0.098 \quad 0.047 \quad 0 \quad 0)$$

纠纷处理的隶属度评价值：

$$S_{52}=(0.178 \quad 0.284 \quad 0.249 \quad 0 \quad 0)$$

二级评价指标的绩效评价：

$$R_{11}=S_{11}=(0.096 \quad 0.173 \quad 0.065 \quad 0.002 \quad 0.002)$$

$$R_{12}=S_{12}=(0.001 \quad 0.003 \quad 0.002 \quad 0.007 \quad 0)$$

得到平台特性指标的模糊评价矩阵：

$$R_1=\begin{pmatrix}0.096 & 0.173 & 0.065 & 0.002 & 0.002\\ 0.001 & 0.003 & 0.002 & 0.007 & 0\end{pmatrix}$$

进行模糊矩阵运算：

$$S_1=W_1\times R_1=(0.003 \quad 0.006 \quad 0.003 \quad 0 \quad 0)$$

资源建设的隶属度评价值：

$$R_{21}=S_{21}=(0.178 \quad 0.365 \quad 0.166 \quad 0.112 \quad 0.056)$$

$$R_{22}=S_{22}=(0.216 \quad 0.954 \quad 1.362 \quad 0.662 \quad 0.203)$$

得到资源建设指标的模糊评价矩阵：

$$R_2=\begin{pmatrix}0.178 & 0.365 & 0.166 & 0.112 & 0.056\\ 0.216 & 0.954 & 1.362 & 0.662 & 0.203\end{pmatrix}$$

进行模糊矩阵运算：

$$S_2=W_2\times R_2=(0.086 \quad 0.346 \quad 0.464 \quad 0.228 \quad 0.072)$$

同理，资金管理指标的模糊评价矩阵：

$$S_3 = W_3 \times R_3 = (0.046 \quad 0.074 \quad 0.092 \quad 0.020 \quad 0.021)$$

物流服务指标的模糊评价矩阵：

$$S_4 = W_4 \times R_4 = (0.028 \quad 0.202 \quad 0.206 \quad 0.149 \quad 0)$$

用户管理指标的模糊评价矩阵：

$$S_5 = W_5 \times R_5 = (0.015 \quad 0.022 \quad 0.019 \quad 0 \quad 0)$$

对一级评价指标进行绩效评价。其中亚马逊5个一级指标的模糊评价矩阵：

$$R = \begin{pmatrix} 0.003 & 0.006 & 0.003 & 0 & 0 \\ 0.086 & 0.346 & 0.464 & 0.228 & 0.072 \\ 0.046 & 0.074 & 0.092 & 0.020 & 0.021 \\ 0.028 & 0.202 & 0.206 & 0.149 & 0 \\ 0.015 & 0.022 & 0.019 & 0 & 0 \end{pmatrix}$$

得出亚马逊的总体隶属度评价值：

$$S = W \times R = (0.053 \quad 0.214 \quad 0.267 \quad 0.139 \quad 0.033)$$

同样的步骤得出 Wish 的绩效评价值：

$$S = W \times R = (0.075 \quad 0.216 \quad 0.275 \quad 0.343 \quad 0.146)$$

基于最大隶属度原则，S 中最大者即陕西跨境电商出口企业对跨境电商平台评价后所属的等级，即经过模糊综合评价，Wish 跨境电商平台的评价高于亚马逊，Wish 的分值高于亚马逊。可以得出陕西跨境电商出口企业应选择 Wish 平台，即 Wish 平台更适用于陕西跨境电商出口企业。

5.5.2 评价结果分析

1. Wish 物流性价比较高

通过比较亚马逊、Wish 的隶属度评价值，可以看出两者在物流服务指标上具有一定的差异。亚马逊和 Wish 都是有物流系统的电商平台，分别为 FBA 和 Wish 邮，但由于陕西跨境电商出口企业以服装、饰品为主，Wish 邮依托邮政系统的广泛渠道，且价格优势较为明显，因此更多的卖家选用性价比较高的中邮小包。亚马逊注重品质，物流成本较高，因此亚马逊物流体系对陕西跨境电商出口企业的适用性较弱。

2. Wish 用户管理优势明显

亚马逊和 Wish 对客户管理方式具有一定的差异性。亚马逊在用户管理方面弱化平台的店铺，认为客户属于平台，不属于店铺，因此店铺的链接按钮较为隐蔽，个人卖家和专业卖家权属差异性较大；Wish 店铺通过票据工具与客户进行信息沟通，一定程度上有利于店铺维系客户，同时 Wish 独特的算法更有利于店铺流量的公平性。Wish 对用户的管理方式更适用于通过价格优势出口的陕西跨境电商企业。

3. Wish 资金管理便于企业降低成本

Wish 对上传的产品没有数量上的限制，上传产品不需要缴费，交易完成后，平台收取 15% 的佣金。亚马逊的个人卖家每件商品上传销售需要支付 0.99 美元的费用。因此从成本角度分析，陕西跨境电商卖家在亚马逊平台上销售前期成本较高，不利于资金的周转。

4. Wish 平台特性更有利于快速上传产品

Wish 上传产品可以单件上传，也可以批量上传，有助于陕西跨境电商出口企业快速铺货；在亚马逊平台中个人卖家没有批量上传功能，只能逐个添加上传，时间成本较高，不利于快速打造爆款，并且没有数据报告功能，致使统计成本较高。同时亚马逊平台商品类目对个人卖家不开放，致使个人卖家可以上传售卖的商品类目很少。

站在消费者的角度看，齐全多样的商品品类不仅能够满足消费者的一站式购买需求、提升购物效率，还有助于提高跨境电商平台的用户黏性。Wish 上传的产品没有数量上的限制，能够增加店铺经营商品的品类，相较于亚马逊更具竞争优势，并且有利于提升平台绩效。

5.6 本章小结

跨境电商平台是跨境电商生态系统的核心。首先，本章梳理了跨境电商平台的发展历程与运营模式。其次，结合陕西跨境电商的发展，梳理陕西政府主导型的跨境电商服务平台的发展历程，具体包括西安跨境贸易电子商务服务试点平台、“通丝路”陕西跨境电子商务人民币结算服务平台、“丝路城”跨境电商平台、西安综合试验区线上综合服务平台。

本章对市场主导型的跨境电商平台进行了绩效评价。针对进口跨境电商平台，选取平台回复率、回复时效性、用户满意度计算综合指数，对小红书、洋码头等进口跨境电商平台进行评价，发现2018—2021年，小红书的综合指数高于洋码头，小红书的平台回复率、回复时效性、用户满意度相对较高。针对各平台用户满意度不高的问题，提出要结合消费者跨境购买偏好，增加平台经营商品品类、挖掘小众商品，满足市场的个性化需求。

同时分析Wish、亚马逊跨境电商平台系统功能对陕西跨境电商出口企业的适用性，在分析方法上采用AHP—模糊综合评估法，通过层次分析法确定跨境电商平台系统运行的评价指标及权重，通过模糊综合评价法确定平台选择评价的总体隶属度，得出Wish平台系统功能更适用于陕西跨境电商出口企业。通过以上分析为陕西本土跨境电商平台后期发展提供借鉴。

6

对外开放格局下陕西跨境电商生态系统基础层：产业基础

2015年2月，习近平总书记到陕西视察时提出“追赶超越”定位和“五个扎实”要求，为陕西发展指明了根本路径[①]。2021年9月，习近平总书记来到陕西榆林考察调研时强调，要解放思想、改革创新、再接再厉，更好服务和融入新发展格局，谱写陕西高质量发展新篇章[②]。习近平总书记两次来陕，都指明了陕西的发展阶段，明确了陕西的快速发展方式。围绕高质量发展，解放思想，意味着陕西要研究新情况、解决新问题。跨境电商是一种新型外贸方式，陕西要充分因地制宜，充分挖掘当地产业优势，结合陕西产业发展状况，分析陕西适于发展跨境电商的比较优势产业及存在问题，打牢基础，扬长补短，追赶超越，实现陕西高质量发展。

6.1 陕西产业发展概况

近年来，陕西产业结构逐步优化，农业基础地位进一步加强，工业产业优势不断提升，服务业发展提速。2021年，陕西省实现地区生产总值29800.98亿元，按不变价格计算，比上年增长6.5%，两年平均增长4.3%。其中，第一产业增加值2409.39亿元，增长6.3%，两

① 胡和平，刘国中．践行“五个扎实”奋力追赶超越[N/OL]．(2019-08-11)[2022-06-10]. http://www.qstheory.cn/2019-08/11/c_1124862762.htm.

② 新华网．习近平在陕西榆林考察时强调 解放思想改革创新再接再厉 谱写陕西高质量发展新篇章[OB/EL]．(2021-09-15)[2022-06-10]. http://www.qstheory.cn/yaowen/2021-09/15/c_1127864033.htm.

年平均增长4.8%；第二产业13802.52亿元，增长5.6%，两年平均增长3.4%；第三产业13589.07亿元，增长7.3%，两年平均增长4.9%。根据陕西三大区域资源禀赋的差异性，已基本形成了以“关中科教制造、陕北能源化工、陕南绿色产业”为主导的区域产业格局。

6.2 陕西适于发展跨境电商的比较优势产业

6.2.1 水果业

陕西是农业大省，陕西农业主要包括玉米、小麦等粮食作物，以及苹果、猕猴桃、梨等经济作物；牧业则以猪、羊为主。2021年，陕西省农林牧渔业增加值比上年增长6.2%，其中园林水果1896.46万吨，增长4.9%。陕西最大的特色现代农业是水果产业。水果产业是劳动密集型和技术密集型相结合的产业，目前，在种植规模、品种资源、成本价格等方面已成为陕西省内外市场前景广阔且具有较强国际竞争力的优势农业产业。

1. 陕西水果产业种植面积全国第二

据国家统计局和陕西省果业中心数据显示，2021年，陕西省果园面积达1754.55万亩，位列全国第二，仅次于广西壮族自治区；产量达2141.13万吨，位列全国第四，分别次于广西壮族自治区、山东省、河南省。其中，2021年陕西省苹果种植面积为931.7万亩，产量达1242.46万吨，均居全国第一。目前，陕西已经建成了全球最大的优质苹果集中连片种植区域，全球最大的猕猴桃种植基地，陕西红枣、樱桃产业规模居全国第二，葡萄产量居全国第三，桃、梨产量居全国第七。

2. 陕西苹果、枣、猕猴桃品类比较优势明显

2021年陕西水果网络零售额达到140.76亿元，同比增长19.13%，其中鲜食水果122.29亿元，同比增长18.72%，占比86.88%；水果加工品18.47亿元，同比增长21.93%，占比13.12%。其中，苹果凭借其

巨大的产量和成熟的市场消费环境继续保持陕西水果网络零售热销品类第一的位置。在全国31个省份中，近40%地域的消费者偏好陕西苹果。从全国各省份消费陕西水果品类排行榜来看，陕西苹果成为北京、江苏、广东等12个省份消费者最喜爱的水果品类之一。

此外，陕西冬枣、猕猴桃在全国均具有比较优势，在陕西鲜食水果网络零售前十热销品类中分别位居第二、第三。陕西猕猴桃成为上海、天津、山东等8个省份消费者最喜爱的水果品类，陕西冬枣成为浙江、河南、四川、青海消费者的最爱。

3. 陕西水果产业品牌效应明显

当前陕西打造了洛川苹果、白水苹果、凤翔苹果、眉县猕猴桃、大荔冬枣、临渭葡萄、蒲城酥梨、合阳红提等一批具有影响力的区域公用品牌、企业品牌、产品品牌（见表6－1）。果品销往全国大中城市以及全球80多个国家和地区。

截至2021年底，陕西共有水果区域公用品牌42个，累计实现网络零售额89.52亿元，在鲜食水果网络零售额中的占比73.21%，较全国高出3.37个百分点，比较优势明显。在2021年陕西水果网络零售前十区域公用品牌中，洛川苹果、眉县猕猴桃分别排名第一和第二；在2021年全国水果网络零售前十大区域公用品牌榜中，“洛川苹果”排名第二，较2020年上升1位。2022年，陕西省西安市阎良区关山街道办甜瓜“三品一标”基地、岚皋县城关镇等魔芋“三品一标”基地、太白县咀头镇等高山蔬菜“三品一标”基地入选首批全国种植业“三品一标”基地。

表6－1　2021年陕西水果网络零售前十区域公用品牌

排名	品牌名称	品牌所属地
1	洛川苹果	陕西 延安 洛川
2	眉县猕猴桃	陕西 宝鸡 眉县
3	延安苹果	陕西 延安
4	白水苹果	陕西 渭南 白水

续表

排名	品牌名称	品牌所属地
5	大荔冬枣	陕西 渭南 大荔
6	咸阳马栏红	陕西 咸阳
7	周至猕猴桃	陕西 西安 周至
8	陕西黑布林	陕西
9	临潼石榴	陕西 西安 临潼区
10	蒲城酥梨	陕西 渭南 蒲城

资料来源：陕西省果业中心、映潮大数据。

4. 陕西水果电商销售异军突起

随着电商的发展，水果电商成为陕西水果销售的主渠道。2021 年陕西水果网络零售额为 140.76 亿元，全国排名第三，山东、四川分别以 164.68 亿元、156.1 亿元位列第一、第二。

其中，渭南、延安、咸阳水果网络零售分别达到 32.33 亿元、29.12 亿元、25.32 亿元，稳居前三。从增幅来看，安康增速最快，同比增长 85.04%；咸阳由于水果品牌带动效应较弱，未能实现优质优价，导致其网络零售额同比下降 8.73%。

5. 国家苹果大数据中心为陕西水果产业发展赋能

在国家发展数字经济、建设数字中国的重要指引下，陕西果业将大数据应用和果业发展进行结合，推动数字农业的发展。2018 年，由农业农村部、陕西省人民政府部省合作共建，陕西果业局指导，神州信息承建的国家级苹果产业大数据中心平台建设为陕西水果产业发展赋能。“国家级苹果产业大数据中心”位于陕西省西咸新区空港新城自贸区，通过此数据中心，打通融合苹果全产业链各关键环节数据，有利于实现省、市、县三级数据的采集、标准化及数据建模工作，构建了苹果全产业链数字化生态[①]，加速推进陕西果业数字化转型。

---

① 刘向红．神州信息展示国家级苹果产业大数据中心[EB/OL]．(2018－11－16)[2021－10－01]．https://company.cnstock.com/company/scp_gsxw/201811/4299459.htm.

6. 陕西水果出口额增加

陕西果业充分发挥自身优势，优化布局、调整结构，不断促进水果种植向优生区集中，水果品种结构愈加趋向合理。陕西省推行标准化生产，推进果业生产、加工、销售一体化发展，贸易量、贸易额持续增加。2021 年陕西省企业自营果品出口数量为 12.38 万吨，出口金额为 8.76 亿元。鲜果出口量为 4.98 万吨，出口额为 3.69 亿元，出口量、出口额分别上升 15.9% 和 15.8%。其中，鲜苹果出口量为 3.72 万吨，占全国鲜苹果出口总量的 3.45%，全国排名第五。鲜梨出口量为 1.11 万吨，全国排名第七。鲜猕猴桃出口量为 1520.37 吨，出口额为 248.78 万美元，较 2020 年增加了 14.73 万美元，同比增长 6.29%。

7. 陕西果业延伸产业链

陕西水果不断拓展果品精深加工，延伸产业链，果汁、果品加工业发展迅速。水果加工品主要包括果脯、果干、果酒、果醋等。陕西建有全球最大的浓缩苹果汁加工出口基地，水果加工类产品中低度果酒增长特别快，特别是气泡类发展迅速，全年保持 200% ~300% 的增速。2021 年陕西浓缩苹果汁出口数量为 7.40 万吨，占全国浓缩苹果汁出口总量的 17.66%，全国排名第三。

8. 陕西水果出口企业集中度较高

陕西鲜果、果汁的出口企业集中度较高。陕西省鲜果出口前五位的企业有白水县润泉现代农业科技开发有限公司、蒲城县农泰果蔬贸易有限公司、陕西宝联果品有限责任公司、陕西鑫农源商贸有限公司、陕西果业贸易集团有限公司，这 5 家企业的鲜果出口额占全省鲜果出口总额的 61.46%。陕西省苹果汁出口前五位的企业有陕西恒通果汁集团股份有限公司、路易达孚（陕西）果汁有限公司、陕西海升果业发展股份有限公司、阿果安娜果汁（咸阳）有限公司、陕西恒兴果汁饮料有限公司，这 5 家企业的苹果汁出口额占全省苹果汁出口总额的 78.46%①。

9. 陕西水果出口贸易地理方向集中

依托国家级苹果大数据中心等平台，目前东盟是陕西水果出口的主要目的地。2021 年陕西鲜苹果出口至泰国、孟加拉国、缅甸、越南、马来西亚的出口额分别为 2436.06 万美元、608.26 万美元、358.95 万美元、187.87 万美元、163.97 万美元，占陕西鲜苹果出口总额比重分别为 61.15%、15.27%、9.01%、4.72%、4.12%。2021 年陕西浓缩苹果汁主要出口至美国、俄罗斯、南非、土耳其、日本等国，以上 5 国的出口额占比为 77.1%。

6.2.2 服装业

1. 服装业产业格局优化

陕西作为曾经的纺织工业大省，近年来不断进行结构调整和转型升级，服装产业发展较快，服装业产业格局不断优化，目前基本形成了以西安、咸阳等纺织工业园区为承载，以棉纺织、功能性服装为主导的产业格局。咸阳市和西咸新区等城市和区域充分发挥功能性服装产业优势，积极与陕西本地服装企业协同，推进和促成咸阳粤港、虎门和豫秦等服装生产基地的建设，使得关中城市带成为重要的服装加工基地；榆林市已成功利用区位优势成为陕西羊毛防寒服生产和销售基地，并致力于将服装产业做大做强，打造全国羊毛防寒服生产基地；汉中市已协同部分服饰企业成为陕南服装生产和销售基地。几大服装企业集聚的重点城市，共同构建了陕西服装产业格局。

通过加大企业技术改造力度，行业装备水平显著提升，产品结构进一步优化，整体保持平稳较快的发展态势，市场竞争力进一步增强。近 10 年来，陕西承接东部地区转移的企业有 80 余家、项目有 50 余个，投资总额达 167.2 亿元，解决就业岗位 63760 个。

① 李玲玲.2021 年陕西水果出口情况、出口下滑的主要原因及解决策略分析[EB/OL].(2022-04-18)[2022-10-15]. https://www.chyxx.com/industry/1105375.html.

2. 服装业产业园区数量增加

据不完全统计，截至2020年底，中国纺织服装产业园区有400个左右。受区域经济发展水平、产业发展基础、市场营销渠道、当地营商环境、地理位置、人口分布等多种因素的影响，中国纺织服装产业园区主要聚集在长三角、珠三角等东部地区，受要素资源短缺、服装产业市场竞争逐渐加剧等因素的影响，在国家西部大开发战略、“一带一路”倡议、长江经济带发展规划纲要的推动下，中、西部地区的发展与开放加速，中、西部地区纺织服装产业园区数量不断增加，促进了东、中、西部产业园区格局的优化。

目前，中国纺织产业转移试点（示范）园区共有47家。其中，中部地区有16家、东部地区有7家、西部地区有24家。陕西涉及纺织服装产业集群的园区主要包括西安浐河经济开发区、西安灞桥科技工业园、陕西岐山蔡家坡经济开发区、榆阳轻纺产业园、中国西部西安·温州纺织服装产业园、华阴市罗敷工业园区、老君殿羊绒产业小镇、西乡国动产业园、咸阳市礼泉县工业园、咸阳市乾县纺织工业园区、陕西自贸区、咸阳市新兴纺织工业园等，这些园区的存在为陕西当地服装产业的发展，吸引企业进入，形成产业集群提供了充分的条件。

3. 品牌服装发展较快

陕西服装行业以伟志等知名品牌为主导，涌现了一批发展良好的国内知名品牌。在老牌企业中，杜克普、金翼逐渐形成了具有忠实客户的自主品牌，木一、薇琳薇尔、歌瑶、丑陋等女装新锐也逐渐崛起，为陕西品牌服装的发展贡献了自己的力量。在陕西省众多服装类别中，特种防护服和羊毛冬装优势明显，已形成了规模较大的产业。截至2018年，陕西服装被评为陕西名牌产品的有杜克普、雅尔艾、美神、轩州、金健、羊老大、七只羊、蒙赛尔、居宁、博雅娇宁10个，被评为国家驰名商标的有七只羊、羊老大、蒙赛尔、羊中王4个。同时，陕西省重视品牌孵化工作，加强了品牌孵化基地建设，先后培育出 20 多个原创设计师品牌。

4. 营销方式以线上线下混合为主

在新媒体环境下，陕西服装企业目前产品销售以线上线下混合为主，部分企业拥有品牌专营实体店铺和网店，通过天猫、淘宝、京东等平台进行销售，如伟志、歌瑶、七只羊、羊老大等（见表 6 - 2）。其中西安康贝制衣实业公司、西安精诚职业服装有限公司、咸阳杜克普服装有限公司的业务涉及贸易。以上服装企业的营销方式为从事跨境电商奠定了一定的基础。

表 6 - 2　陕西部分服装企业

企业名称	创建年份	主营产品	营销方式
西安歌瑶制衣有限公司	2004	女裤等	生产加工、招商代理、网店、线上平台（官网、公众号、新浪、微博、淘宝店铺）
陕西伟志集团股份有限公司	1987	男装配饰等	经销商分销、线上平台（官网）
西安康贝制衣实业公司	1996	服装生产销售、制作	制造商、贸易商
咸阳杜克普服装有限公司	1986	高档西服衬衣、羽绒服、户外服饰等	自营和代理商品及技术的进出口业务
西安精诚职业服装有限公司	1999	工作服、特种工作服等	贸易型、线上平台（官网）
陕西羊老大服饰股份有限公司	1995	羊毛类服装、防寒服、特种防护服	零售商和代理商，线上平台（官网、淘宝店铺）
七只羊服饰有限责任公司	1995	羊毛防寒服、羊绒衫、职业工装	经销商分销、网店、线上平台（天猫、淘宝、京东店铺）

5. 服装跨境电商销售规模持续增长为陕西服装发展提供契机

第一，购物方式的改变推动服装跨境电商市场规模持续增长。随着电子商务的发展，消费者的购物方式逐渐由线下改为线上，在各大跨境电商平台销售的品类中，服装业排名靠前，市场规模持续增长。

2020 年，针对亚马逊的反垄断调查显示，亚马逊第三方服装卖家的销售额占亚马逊服装类目销售额的72%。根据富国银行与欧睿咨询的统计，新冠疫情流行期间亚马逊已经成为美国最大的服装零售商，2020年亚马逊在美国的服装、鞋子销售额增长15%，占美国线上服装销售额的38.26%、美国服装零售市场销售额的14.34%。以上数据充分说明跨境电商平台服装销售发展迅猛。

第二，新冠疫情致使服装电商规模增长。疫情前服装电商一直保持着较高的增长速度，疫情后服装电商进一步增长。Euromonitor数据显示，2009—2019年全球服装电商行业市场规模10年年均复合增长率为17.8%，2020年同比增长了21.7%。疫情期间，人们减少了户外购物的次数，养成了线上购物的消费习惯，进一步加快了服装电商行业的发展。

第三，服装行业线上渗透率不断提升。2020年，全球服装电商渗透率为28.7%，较2019年提高了9.6%，相比2020年中国服装电商35%的渗透率，海外市场仍有较大提升空间。随着网购文化的普及，线上电商渗透率会持续增加。以美国市场为例，Euromonitor预测，到2025年，美国市场将有48.7%的服装与鞋类在线上销售，未来5年美国服装电商市场将保持10%以上的年均增长率，在2025年达到1920亿美元的市场规模[①]。

第四，陕西纺织服装行业出口占比较为稳定。陕西纺织服装行业是传统优势产业，其出口占比较为稳定。2017—2020年，陕西省纺织服装行业出口额分别为25亿元、26亿元、25亿元、6.5亿元，其中纺织品出口额分别为15.9亿元、16.98亿元、19.7亿元、5.2亿元，服装出口额分别为9.5亿元、10亿元、5.2亿元、1.3亿元。可以看出，2017—2019年，陕西纺织服装行业出口额较为平稳，2020年受新冠疫情及物流影响，出口额有所下降。

① 中信证券．跨境服饰电商行业深度报告：优势供应链逐鹿全球[EB/OL].（2021－09－17）[2022－10－08]. https://www.vzkoo.com/read/0c097cfd263f8e283690705e3e8a7a0a.html.

6.2.3 陕西服务业助力陕西跨境电商的发展

1. 资本密集型服务业为跨境电商提供服务基础

物流、仓储、信息技术等服务是跨境电商的重要环节，陕西物流、仓储、信息技术服务业的发展为陕西跨境电商的发展提供助力。2021 年，陕西省交通运输、仓储和邮政业，信息传输、软件和信息技术服务业增加值比上年分别增长 7.6%、13.9%，两年平均分别增长 5.1%、14.5%。2021 年，在我国软件和信息技术服务业收入排名前十省市中，陕西以 2141 亿元排名第七。以上数据体现出陕西资本密集型服务业增长较快，陕西软件和信息技术服务业具有一定的竞争力，为陕西发展跨境电商提供良好的服务基础。

2. 服务聚集区为跨境电商提供服务支持

服务业创新是陕西推动经济转型升级的重要引擎，目前西安、宝鸡、汉中 3 市已成为国家创新型试点市，全省服务业创新驱动不断增强。2021 年，陕西省研究与试验发展经费投入 700.6 亿元，投入强度为 2.35%，居全国第 7 位。陕西省省级以上众创空间达 221 家，获国家备案 90 家，全国排名上升至第八位；科技企业孵化器达 95 家，国家级科技企业孵化器 39 家[①]。

陕西省各市因地制宜，结合各地的优势产业进行创新，打造特色服务业聚集区。目前已经形成以西安为核心、以关中城市群为主体、以其他中心城市为节点的城镇布局。开发区、特色街区、文化景区等成为全省服务业的重要载体，现已形成西安高新区高新技术服务业集聚区、国际港务区物流产业集聚区、宝鸡高新区国家创新型科技园区、咸阳临空产业物流园、汉中两汉三国文化景区、延安宝塔山红色景区文化旅游聚集区等一批国家级和省级现代服务业集聚区，有力地推动了陕西省服务业的集聚、集约发展，为陕西发展跨境电商提供了

① 陕西省科学技术厅. 2020 年陕西省 R&D 经费投入超过 600 亿元 投入强度增至 2.42% [EB/OL]. (2020-08-05) [2021-10-01]. https://kjt.shaanxi.gov.cn/kjzx/ztzl/kjjb/241693.html.

服务支持。

6.3 陕西水果业发展跨境电商存在的问题

6.3.1 种植加工环节存在的问题

1. 水果标准化程度低

跨境电商交易模式下，产品的标准化至关重要。在果业产业化发达的欧美国家，由于水果以“个”为单位进行销售，因此市场上同等级别的水果大小、色泽、果斑、规格、口感均无太大差异，每一等级的产品生产加工都做到了标准量化。

陕西水果产业主要以家庭为单位进行种植，生产经营方式以“小而散”的模式为主，加之我国尚未建立相对完善的跨境电商出口农产品质量标准体系，完整细致的地方标准在陕西尚未全面推行，因此农户在选种、种植上缺乏标准化的管理，导致产品出口质量参差不齐，产品同质化严重，“三品一标”农产品出口数量占比较少。农产品的卫生指标、果园综合管理水平、农残检测方面和发达国家存在一定的差异，导致产品质量认证率偏低，果农之间竞争激烈，市场上基本按斤出售。

2. 低价粗加工的模式

陕西水果的出口以低价粗加工的模式为主，缺乏现代化大规模产业基础，农产品产业化和集约化程度较低，产业链延伸程度有限，附加值高的果业深加工和服务业规模化程度较低，冷链物流技术更是有待进一步提升，这些都导致陕西果业的国际市场竞争力不足，很难在跨境电商市场上成为第一梯队品牌，较低的利润又导致分散的农户无法进行大规模现代化生产，形成非良性循环。

6.3.2 运输通关环节存在的问题

1. 水果物流成本较高

物流在跨境电商交易中发挥着十分重要的作用，物流水平直接影响消费者的产品体验。水果具有保质期短、对温度湿度要求高等特点，因而水果物流对仓储、运输、配送的要求相对较高。陕西地处内陆，跨境物流费用相对昂贵，导致水果的综合物流成本较高，利润空间萎缩。部分企业在国外建立海外仓，但由于前期需要大量资金投入，加之各大跨境电商平台没有建立水果的退换货机制，综合成本居高不下。

2. 水果运输损耗严重

对于腐损率高、季节性强的水果跨境电商交易，全程需要冷链运输配套服务，而陕西省绝大部分生鲜农产品关键物流节点的设备及冷藏冷冻设备依旧不足，第三方冷链物流的效率低下，冷链物流覆盖率偏低，导致农产品物流损耗率高。据统计，冷链运输过程中，由于冷链资源不足导致蔬果“断链”的比例高达 67%。发达国家的生鲜农产品运输损耗不到 10%，而我国蔬果的运输损耗率高达 15% ~ 20%。[①] 这不仅压缩了利润空间，而且对产品价格、质量产生一定的影响，虽然签订的国际贸易货物买卖合同中会规定溢短装条款，但是水果整体质量的下降，必定会影响交易的完成及二次回购。

3. 通关环节效率低

跨境电商相比传统实物线下交易，具有以互联网为媒介、交易环节少、周期短、频次高等特点。由于交易频率的提高，通关的频率随之提高，海关部门同样的时间内审核的单据业务量增加。随着西安海关监管方式的变化，通关方式、通关流程逐渐简化，但水果出口通关流程相对复杂，手续烦琐，难度较大，导致水果通关效率较低、通关

① 张梦婷．我国生鲜农产品跨境电商发展的影响因素研究[D]．哈尔滨：哈尔滨商业大学，2020.

成本增加。

6.3.3 销售环节存在的问题

1. 水果品牌知名度较低

随着水果电商的普及，电商平台水果种类众多，消费者主要通过价格、品牌、产地等因素对水果进行购买，同等价位下，消费者更关注辨识度高的品牌。陕西水果种类丰富，截至目前，陕西获得国家农产品地理标志登记保护的数量为117个，但是大部分水果没有形成独立品牌，部分水果的市场知名度有待提升。2018年，四川全省认定“三品一标”农产品累计达5142个，数量位居全国第二、西部第一，培育了40多个农产品区域公用品牌①。陕西省无公害农产品产地认定84处，农业农村部无公害产品认证124个；绿色食品2个，有机农产品51个②，陕西和四川相比，明显差距较大。

由农业农村部市场与信息化司下属的《品牌农业与市场》杂志社发起的网络票选“2021中国农产品区域公用品牌市场竞争力品牌”及“2021中国农产品区域公用品牌市场竞争力新锐品牌”的活动中，全国共有21个水果品牌入选，而陕西只有洛川苹果、眉县猕猴桃、武功猕猴桃3个品牌入选“2021中国农产品区域公用品牌市场竞争力品牌”，“2021中国农产品区域公用品牌市场竞争力新锐品牌”陕西水果入选为0。在“2021年中国农产品百强标志性品牌”评选中有19个水果品牌获此殊荣，具体为余姚杨梅、伊春蓝莓、灌阳雪梨、怀远石榴、万人猕猴桃、实赣派柑橘、聚仙猕猴桃、镇宁蜂糖李、都江堰猕猴桃、麻江县“麻小莓”蓝莓、呼伦贝尔蓝莓、疆果果干果、百觅柑橘、冰天优果枣、宏达苹果、西圣枣、臻果炫蜜柑、玉辉农林猕猴

① 张竞．去年底我省“三品一标”农产品总数居全国前列、西部第一[N/OL]．四川日报，(2019-06-26)[2021-10-01]．https://www.sc.gov.cn/10462/10464/10797/2019/6/26/1f88d7f8747a41129e972fa045b89496.shtml.

② 来庆琳，陈潇．安康“三品一标”农产品总数达188个[EB/OL]．(2017-06-16)[2021-10-01]．https://www.ankang.gov.cn/Content-109065.html.

桃和蓝莓[①]，而陕西的苹果、猕猴桃都没有入选。农业农村部数据显示，在农业农村部部分农产品地理标志品牌价值评价结果中，共有17个品牌，其中陕西眉县猕猴桃以品牌价值91.5亿元排名第十一，和排名第一的黑龙江东宁黑木耳的433.14亿元的品牌价值相差较远。在品牌日益受到重视的跨境电商市场上，陕西水果要想提升销量，必须要全方位打造品牌，提升竞争力与品牌价值。

2. 水果产业小规模网商定价能力较弱

目前水果电商已形成多元化渠道，主要包括传统的平台电商、垂直的生鲜电商平台、网店直销、跨境电商、社交电商、直播电商、大宗电商等，传统电商平台包括装修店铺、美工摄影、文案创作、客服、数据分析、电子接单等环节，需要专业团队进驻，成本较高。陕西水果企业、合作社、农户等借助网络平台开设自己的网店，借助抖音、快手等平台进行直播带货，小规模网商数量增长较快。截至2021年底，陕西水果网商共3.02万家，其中个人网商为2.78万家，占比超九成，网络零售额在1万元以下的小微网商占比为83.89%，反映陕西水果的销售具有以小微网商为主、网络零售额较小的特点，致使陕西水果价格较低。

3. 跨境电商复合型人才缺乏

当跨境电商作为新型外贸方式，将传统线下交易改为线上交易时，对人才的需求也随之发生改变，需要的是掌握国际贸易流程、跨境电商环节、水果生产和销售的复合型人才。目前，陕西的水果种植以家庭为主，大部分农产品电商从业人员专业知识、文化水平参差不齐，缺乏国际贸易、跨境电商方面的知识储备，缺乏对需要实际操作的网络店铺铺货、ERP系统的信息采集和发布、平台的规则与产品的发布、市场行情分析和反馈等方面的认知。

① 钱开胜．全国19个水果品牌荣获2021中国农产品百强标志性品牌[J]．中国果业，2022,39(1):55－56.

尽管陕西已有多所高校开设相关跨境电商专业，但既懂跨境电商运营，又熟悉农产品的专业人才仍然少之又少。由于涉农电商需要深入农产品生产基地进行实地考察及货品选择，而高校毕业生从事此行业的相关意愿较低，造成此方面专业人才的匮乏。

6.4 陕西水果业发展跨境电商的对策

6.4.1 推动水果生产过程标准化建设

1. 制定标准化管理

制定标准化管理包括具体制定水果生产、流通环节的管理标准，水果检验检疫标准，完善包括安全、监督管理、农药肥料管理、冷链物流标准、人员培训管理等在内的各项制度。水果生产标准化，包括从产地的选择、品质、外观方面进行分级，建立市场准入、市场分类标准；水果流通环节标准化包括产品的包装、运输、销售等环节，建立健全生产、加工、流通环节的规范性。由于各国检验检疫标准、各项管理制度的差异性，具体操作可由陕西省政府牵头，对接国际标准，加强中国—东盟自贸区果业事务的参与性，加强与各国的国际合作，建立完善农产品的生产标准体系、质量检验体系、认证认可体系和监督预警机制。同时运用大数据等信息技术对已获得品牌认证的水果基地实施严格的动态监管，以保证水果的品质。

2. 建立水果追溯体系

利用云计算建立水果追溯体系。为确保品种、种植、加工等环节的质量，检验检疫环节建立源头可追溯、过程可控制、流向可追踪的监管体系，从原料种植基地的环境监测开始到消费结束，建立水果全程追溯系统。以无线射频识别技术和防伪码为信息载体，充分利用大数据平台，借助网络通信等，建立跨境电商信息化监管平台，实现对水果产品从整个产业链一直到终端消费的每个环节进行全程记录。在满足水果特殊运输和配送需求的同时，对水果的新鲜程度、保质期限进行实时监测，在满足消费者对水果新鲜程度需求的同时，进一步降低物流配送成本、交易成本，同时兼有防伪防窜货、渠道管控和市场营销等功能。

6.4.2 精准定位目标市场

1. 在中国—东盟自贸区跨境电商基础领域展开合作

随着东盟国家的互联网、交通等基础设施的不断完善，伴随2021年东盟《电子商务协议》的生效，中国和东盟不断出现的具有国际或区域影响力的跨境电商平台、支付机构等促使中国与东盟在电信基础设施、法律与监管环境、电子支付与结算、线上消费者保护、网络安全、物流等领域在多个方面开始进行合作，为陕西农产品通过跨境电商渠道出口东盟带来新的机遇。

2. 依托鲜果，带动东盟市场水果生产型服务贸易

当前，东盟是陕西水果出口的最主要市场，陕西省鲜果出口前五位都为东盟成员，东盟地区多产热带水果，和陕西的水果形成互补，反映了中国—东盟自贸区对陕西出口的带动作用。因此陕西应针对东盟市场加强合作，在加大鲜果出口力度的同时，也要加大果汁的出口力度，积极输出水果生产技术，带动水果生产型服务贸易的发展。

3. 依托欧美市场，提升水果品质

陕西省水果加工品出口的主要国家为德国、越南、泰国、拉脱维亚，果汁主要出口国家为美国、日本、南非、俄罗斯、澳大利亚。这些国家跨境电商基础较好，是陕西水果跨境电商出口的主要目标市场。针对这些国家的消费市场，陕西需加强对水果的农残安全检测，加大水果产业的精深加工投入力度，提供品质等级标准化程度更高的水果。同时要积极开展市场调研，深入了解这些国家的政策法规、市场需求及消费者偏好，以争取更大的市场份额。

6.4.3 大力推动水果品牌建设

品牌化是当前跨境电商发展的趋势。根据亚马逊发布的数据，在亚马逊平台上，海外购搜索前50个关键词中，84%为品牌名称，超过80%的消费者选择海外购的首要原因是商品品质有保障，这意味着消费者对品牌的认知度在不断提高。①

水果品牌代表水果的质量，水果品牌的建设有助于提升水果的附加值。陕西是水果大省，但是品牌数量却远远落后于山东、江苏两省。陕西农产品地标数量比周边四川（201个）、贵州（154个）较少。在陕西产品同质化竞争加剧的情况下，品牌化将是提升陕西水果竞争力的关键。

首先，要着力打造具有陕西特色的水果品牌。借助陕西丰富的历史文化底蕴，结合地方历史文化打造陕西果业的文化、口碑、信誉。其次，多种方式进行品牌营销。陕西政府应积极组织企业参加国际性展览会、招商会，以展示推介本地区特色农产品。同时，与阿里巴巴国际站、Shopee、Lazada等知名跨境电商平台合作，大力宣传促销陕西水果，提高陕西水果品牌的知名度和美誉度。

6.4.4 完善冷链物流建设

1. 借鉴他国经验

物流是陕西水果跨境电商出口进一步发展的基础，冷链物流技术不仅是提高配送效率的关键，而且各个环节操作流程和水果安全高度相关，因此需要政府推动建立水果冷链物流环节的技术标准。可借鉴他国先进经验，采用行业准入制度和质量安全认证制度，陕西可以因地制宜地借鉴，大力扶持冷藏车、冷藏库等冷链物流设施相关生产企业，增加对配套设施完善的资金投入，让生鲜农产品冷链物流设施实

---

① 电子商务．亚马逊中国:2017跨境网购趋势报告[EB/OL].(2018-01-09)[2021-10-01]. http://www.199it.com/archives/677812.html.

现全覆盖。结合陕西实际，在政府加大财政投入的同时引进民间资本，引进先进的冷冻冷藏技术，建立立体化交通运输网络并引入物流行业龙头企业，带动地方开展特色农产品的冷链物流服务，推动生鲜农产品行业稳定、有效发展。

2. 提高物流信息化水平

通过建立物流网络信息公共平台，为企业提供及时、准确的信息服务，通过无线射频技术实现生鲜农产品物流信息实时追踪，并与消费者实时共享，解决生鲜农产品物流信息滞后的问题。建立物流全程质量控制体系，开发物流配送自动化管理系统，对产品库存、在途运输、投递等环节进行统一管理，实行从产地到销售地的全程监督，实时掌握物流动态，提高物流效率。

3. 政府要提升流通网络布局，建立现代流通体系

积极合理规划陕西水果的集散中心和综合物流园区、公共配送中心，打通水果配送“最后一公里”。健全商业体系及必要的集配装备和分拨仓、前置仓等流通仓储设施，优化连锁商超和物流配送中心的配置，使物流覆盖到陕西的每个县城、每个村。

同时积极发展海外仓。陕西省政府“十四五”规划中明确提到，全力建设“亚欧陆海贸易大通道”，构建“一主五廊”通道空间布局，发挥中欧班列“长安号”的通道作用，到2025年建成投用10个海外仓。① 陕西当前鼓励发展海外仓，果干、果汁等保质期较长的农产品，通过建立海外仓，可以较好地解决跨境电商的痛点，提高产品配送的时效性和消费者满意度。

4. 推动数字化、智能化物流建设

随着各大电商平台水果市场订单需求的增加，企业目前的冷链物流设施难以满足市场需求，因此物流企业要对生鲜农产品的发展现状

① 何宇．提速构建“亚欧陆海贸易大通道” 陕西五年内建10个海外仓[EB/OL].(2021-03-05)[2021-10-01]. https://www.imsilkroad.com/news/p/446504.html.

和前景进行充分把握，搜集各方面的有效信息，分析整合相关数据，推动冷链物流数字化、智能化建设，提高陕西水果跨境电商物流的效率，通过降低物流运输成本来降低企业的交易成本。

6.4.5 提升通关效率

1. 建立陕西水果出口跨境电商生态圈

水果出口跨境电商生态圈包括陕西政府机构、金融服务商、物流服务商、跨境电商平台等，各个主体共同推动关、检、汇、税、商、物、融等流程“一体化”建设，保证在最短时间内无缝衔接完成各个节点，可以为水果跨境电商企业的本地化运行以及消费者购物体验升级提供支持。

2. 应用 B2B2C 的出口跨境电商创新模式

在融合供应链以及物流链的过程中，可以搭建并应用 B2B2C 的出口跨境电商创新模式。在此模式下，农户在物流企业搭建的出口跨境电商平台上传水果、果汁及水果加工产品的数字信息，买家可以在电商平台上直接下单，农户可依托该平台完成货物的直接供应。在此过程中，对于一些信誉良好的农户的水果，综合其他条件，可在符合相关规定的条件下对其水果通关申报给予一定的便利，使其先获得出关许可，而后再对货物的信息进行具体的统计分类，可以有效提升通关效率。供应链与物流链融合的水果配送模式相较于“海外仓 + 当地快递”的物流模式，能有效缓解海外仓库存压力，降低海外仓冷链成本，实现快速通关。

3. “B2B + O2O”的水果出口跨境电商创新模式

由于鲜果需要冷链运输，可以通过“B2B + O2O”的农业出口跨境电商创新模式与供应链展开融合，实现陕西产地直采，在陕西产地搭建冷仓，以此完成相应农产品的预冷及仓储；安排冷藏车将农产品运输到物流中心、货运站、港口、航空公司的分销冷库内；在分销仓库中完成农产品分拣、包装以及仓储，应用多式联运的冷链运输模式将农产品直接运输至海外的线下店；在境内出关前的物流据点，可依托外贸综合服务平台与第三方支付平台的信息共享，促使关、检、汇、税、物等流程实现“一站式”完成，达到提升物流效率的目标[①]。

6.4.6 全方位多层次培养和引进电商人才

陕西水果跨境电商的发展对人才的需求较高，需要具有种植加工经验、精通电商操作、了解国际市场行情、具有“互联网+农业”思维的新一代农户和生产者。

首先，需要培养陕西农产品跨境电商人才。一方面，充分利用陕西优质、丰富的教育资源，在各高校积极开设跨境电商专业，开设基于陕西农业产业特色的跨境电商课程体系，教学中与农业企业、电商企业合作，使毕业生具备水果跨境电商的运营能力；另一方面，通过行业协会联合培训机构和职业院校，采取多种举措培养陕西本土跨境电商从业者。面向不同的群体有差异化地开展水果跨境电商专项培训，对于理解能力较强、综合素质较高的群体，培训重点集中在农业生产管理、电商从业经验、市场开拓等方面；对于实际操作能力较强的群体，培训重点集中在跨境电子商务基础知识与基本操作、信息化普及、现代农业生产规范等方面。

其次，引进人才。政府要从政策上向从事水果跨境电商的群体倾斜，给予资金扶持，吸引国内外优秀的跨境电商人才从事陕西水果跨境电商行业。

6.5 陕西服装业发展跨境电商存在的问题

6.5.1 品牌国际知名度较低

根据 Euromonitor 与各公司公布的营收数据测算，目前各服饰电商

① 李媛．跨境电商与农产品出口的双渠道供应链分析[J]．价格月刊,2022(5):89－94.

品牌可分为三大梯队，分别为全球头部服装电商第一梯队、区域领先服装电商第二梯队以及以中国出海跨境服装垂直独立站与平台第三方服装卖家为主的第三梯队。三大梯队全球市场份额与营收规模差异较大，第一梯队中的SHEIN与Zalando分别占全球市场的2.45%与2.19%，年均营业收入超过600亿元；第二梯队中的ASOS占全球市场的1.1%，在英国地区占比为7.29%，年均营业收入超过100亿元；第三梯队中的卖家赛维时代、子不语分别占全球市场份额的0.09%、0.07%，年均营业收入为数十亿元。2020年，陕西服装业出口额为1.39亿元，与各服饰电商市场份额及营收规模差距较大。

陕西省服装企业在省内市场有一定的知名度，但是在全国市场、国际市场上却缺乏影响力，例如，陕南丝织品产量在陕西省丝织品产量中占80%以上，但是在全国却不足2%。在品牌建设方面，陕西服装企业投入力度较小，缺乏品牌建设意识，服装产品特色优势不明显；同时对于已经建立起来的品牌，企业保持传统物美价廉的理念，在品牌宣传推广上投入的时间和精力有限，致使品牌美誉度不高，产品的附加值低下，利润空间较小。

6.5.2 生产模式限制企业发展

服装产业属于陕西传统比较优势产业，是典型的劳动密集型行业，其依托当地资源、成本优势快速发展。陕南的蚕桑产业具有一定的知名度，农户生产蚕茧以家庭作坊为主，具有一定的成本优势，但是由于设计能力较弱、缺乏创新意识、管理方式落后，无法形成产业聚集优势。

陕西部分服装企业处于初创期和成长期，属于中小型民营企业，地理位置位于郊县，劳动力成本、资源成本较低，加之政府政策的倾斜补助，有利于企业控制成本、扩大生存空间。但以上因素助推企业短期内以代工模式为主，致使产品同质化现象严重，企业国际市场竞争力低下。

6.5.3 供应链存在的问题

1. 供应链整体合力较低

服装供应链具有环节众多、复杂且比较分散的特点。服装供应链以服装企业为核心，前端包括面料供应、辅料生产、服装设计、成衣生产、成衣包装，后端包括物流运输、仓储配送、成品销售。可以看出以上任一个环节的低效性都会影响整体供应链的高效运作。服装供应链的顺畅运行需要各供应链个体之间信息共享，才能更好地满足市场多元化需求，否则会出现库存积压现象或者供不应求的情况。

在信息化时代，陕西服装企业构建了供应链系统平台，但平台的智能化功能并未充分利用，还存在通过手工操作传递信息的情形，同时整个供应链的产品计划、信息更新、进度管理、质量反馈、数据分析等方面仍以线下沟通为主，各个环节的协同效率没有达到最优；单一环节的信息传递方式较为滞后，目前陕西服装企业在开发过程中的信息传递主要通过邮件、会议、电话、微信等方式进行，信息处理方式仍以邮件和表格为主，存在格式不规范、处理过程烦琐的现象，导致信息传递效率较为低下，工作效率较低。

2. 相关企业技术、服务意识滞后

陕西服装供应链前端涉及家纺、丝织、印染等产业，但这些产业技术陈旧、创新不足，其中印染行业是最薄弱的环节，产品和服装产业无法有效配套，规格差异较大；后端的物流由于存在自建成本较高等问题，导致陕西多数企业采用第三方物流，但会降低物流时效性，限制了陕西服装产业的发展。

3. 线上线下不同步，协同效率较低

近年来，陕西服装企业线上销售的占比逐步增加，为了避免线上线下的竞争，一般陕西服装企业线上线下销售的产品在设计、价格等方面都存有差异，但由于陕西服装企业缺少对线上销售的经验，企业在产品开发、原料辅料供应、设计款式、成衣加工等方面无法协同线上线下，导致企业产品与线上需求之间的不匹配，从而使得设计、生产成本增加，影响了陕西服装企业供应链发展的协同。

6.5.4 服装产业集群发展缓慢

目前我国纺织服装产业的热力分布主要集中在山东、广东、江西、江苏、浙江，[①] 陕西被归为第二梯队，和其他省份存在较大差距。以浙江为例，截至2020年，浙江省共形成50亿元以上纺织服装产业集群40余个，拥有余杭家纺、海宁经编、海曙男装、瓯海休闲服、诸暨袜艺等100亿元以上产业集群22个，萧山化纤、柯桥纺织、桐乡涤纶长丝超500亿元以上产业集群3个；此外，绍兴现代纺织产业集群列入国家先进制造业集群，诸暨大唐袜业等5个产业集群创建为国家新型工业化产业示范基地。大中小企业协同发展取得明显成效，建成了超纤非织绒面纺织品企业共同体、时尚服装企业共同体、全棉提花面料企业共同体等6个产业链上下游共同体。[②]

陕西服装产业集群建设虽已初见成效，但服装园区内配套设施还不完善。产业链的不完整，导致园区内的企业无法通过内部合作形成一条龙服务。同时陕西纺织服装企业生产的产品大多属于中低档次，虽然目前个别产业集群已逐渐步入高端产品领域，但仍未见明显成效，绝大部分产业集群尚未发展成熟。

6.6 陕西服装业发展跨境电商的对策

6.6.1 转变生产模式

陕西服装企业需更新思想观念，调整发展思路，加快产业结构调

① 前瞻产业研究院.2021年中国纺织服装行业产业链现状及区域市场格局分析 江浙地区产业链覆盖范围广[EB/OL].(2020-08-05)[2021-10-01].https://bg.qianzhan.com/trends/detail/506/210720-073bc662.html.

② 浙江省经济和信息化厅.关于公开征求浙江省现代纺织服装等五个产业集群"十四五"规划意见建议的公告[EB/OL].(2021-04-16)[2021-11-01].http://jxt.zj.gov.cn/art/2021/4/16/art_1229262225_29340.html.

整，促进企业转型升级，积极转型，努力做到由贴牌加工向创新驱动型、服务贸易型、品牌经营型转变。陕西服装企业要以服装设计为龙头，充分结合陕西服装在棉纺、毛纺、丝织、服装、工装、科研和人才等方面的优势，承接东部产业转移，积极吸引东部产能落地。由传统的制造模式向数据化、智能化转变，销售模式转变为跨境直播、导购返利链接等新型模式。

6.6.2 坚持品牌发展战略

品牌是企业重要的无形资产，提升企业品牌知名度是提高产品附加值的有效途径之一。陕西服装企业要坚持品牌发展战略，提升品牌竞争力，强化自主知识产权，发挥科教优势，实施人才战略，完善移动互联网平台建设，打造世界品牌，从而提升企业的核心竞争力。

为加大对陕西服装龙头企业品牌推介的宣传力度，政府滚动推出陕西名牌服装名录，扶持技术含量高、有市场潜力的企业，为企业品牌做推介宣传，提升龙头企业的知名度和信誉度①；激发龙头企业的使命感、企业精神，着力打造品牌文化，开展企业形象宣传和品牌策划活动，参加国内外展销会，举办新品发布会，推优质产品、创高端品牌，提升品牌引领性和辐射性。

6.6.3 完善供应链

1. 优化信息平台，实现信息共享

为了提升服装供应链的整体合力，各个环节需要紧密联系、共享信息。信息化的共享，需要做到流程通畅、权责明晰、标准统一、数据决策、体系联动，让信息体现数据，数据服务于决策，决策带动各主体联动，主体联动推动平台信息的共享。陕西服装企业应该重新梳理其信息化平台各个系统及其内部之间的信息传递，从根本上实现平

① 钟锐辉．加快培育厦门根植型龙头企业研究[J]．厦门特区党校学报，2019，165(1)：73－76.

台串联，并且将部分没有实施的功能抓紧安排上线，以更好地发挥供应链平台功能，使其在供应链管理中充分发挥更强大的作用。

2. 相关企业提升技术、服务水平

由于前端企业为服装企业的上游企业，首先，前端企业自身需要改进技术，积极创新；其次，陕西服装企业应结合自身优势，给予上游企业信息激励。在信息时代，资讯信息是企业获取利润的重要资源，陕西服装企业可以通过给对方提供合作企业的信息或者订单量增加的信息，激励上游企业对其技术进行提升，对其服务进行优化，使双方实现共赢。

对于物流时效性问题，陕西服装企业可以通过 GSP 包装对当前自动化仓储系统中的商品装箱准确率进行识别。随着技术的发展，陕西服装企业可以在产品上应用射频识别技术，此技术不仅方便出货时对货品进行核对，同时有利于物流站点收货，并且便于企业、消费者进行物流追踪。

3. 线上、线下协同发展

电商的发展需要精准的数据分析，陕西服装企业可以根据各大跨境电商平台发布的数据及预测的流行趋势，结合自身品牌的特点与定位，对以往销售数据进行分析，挖掘数据，精准定位市场，预测线上需求及发展趋势。联合供应商根据预测结果预估生产计划，协同线上线下发展。

6.6.4 扶持陕西服装龙头企业引领产业集群

陕西服装原料供应商、服装企业、销售商、物流服务商等多为中小企业，陕西服装龙头企业凭借自身影响力可以聚集上下游企业，带动整条陕西服装产业链的发展。由陕西服装行业协会牵头，依托陕西科研机构和高校，攻克数字化、智能化难题，扶持一批具有产业领军潜力的陕西服装企业通过资产重组等方式，培育品牌核心竞争力，引领集群内小微服装企业协同发展。

6.6.5 积极发展在线产业带

在线产业带模式是指以线下传统批发市场为基础，构建在1688平台上的一个全新B2B子站点。陕西服装具有物美价廉的特点，通过建设服装在线产业带，为国际市场的采购商、消费者提供低价优质货源，有利于快速对接采购方、熟悉跨境电商的操作与运营，助力陕西服装企业快速发展跨境电商，提升企业成长能力。

陕西政府可以通过政策与资金扶持进行引导，向第三方服务商提供场地、背书及资金，第三方服务商向陕西服装企业提供代运营、培训等服务；电子商务平台为陕西服装企业提供运营平台工具、站内流量、营销和技术支持；陕西服装企业入驻产业带，配合第三方服务商进行运营活动，可享受第三方服务商提供的免费服务，实现流量和订单的增加①。

6.7 本章小结

产业的发展为跨境电商的发展提供了货源支持，是跨境电商发展的基础。本章结合陕西的产业发展，分析陕西适合发展跨境电商的比较优势产业——水果业和服装产业。陕西可充分发挥当地资源优势，推动水果业和服装业跨境电商的发展；同时结合陕西水果业和服装业的发展现状，分析其发展跨境电商过程中存在的问题，从产业聚集、品牌打造、信息共享、物流通关等方面提出促进陕西水果业和服装业发展跨境电商的建议。

① 杨蒋伟．"互联网＋"产业集群外部性评价研究：以虎门纺织服装电商产业园为例[D]．上海：东华大学，2016.

7

对外开放格局下陕西跨境电商生态系统服务层：跨境电商园区

为了跨境电商便利化，各省（区、市）政府、当地主导型企业在电商企业集聚的基础上建立跨境电商园区，并出台支持政策，多方吸引和跨境电商相关的企业入驻，为跨境电商企业的运营提供物流、仓储等服务，在此过程中政府获得税收，主导型企业获得租金，跨境电商企业获得综合性服务，三方实现共赢。

7.1 跨境电商园区

7.1.1 跨境电商园区发展历程

伴随我国跨境电商的迅速发展，2012 年，上海、重庆、杭州、宁波、郑州 5 个城市正式获批成为跨境贸易电子商务试点城市。2013 年 7 月我国设立首个跨境电商园区——中国（杭州）跨境贸易电子商务产业园，2015 年 3 月杭州正式获批成为跨境电商综合试验区，标志着跨境电商产业园模式开始在中国正式铺开。2017 年 9 月 20 日召开的国务院常务会议明确指出，我国将在原有跨境电商综合园区的基础上，再选择一批发展潜力巨大、基础条件良好的城市，建设新型综合跨境电商园区，进一步推动跨境电商园区大范围的发展。2015 年以来我国跨境电子商务综合试验区已达 165 个，其他各类涉及跨境电商的产业园区有 317 个，有力促进了跨境电商的发展。

7.1.2 跨境电商园区功能

跨境电商产业园是为了促进地方跨境电商行业的发展，以跨境电子商务企业为核心，以进口保税、直购、一般贸易为主，以各种优惠政策与便利吸引软件设计、平台研发、电子支付、营销推广、仓储物流等电子商务相关服务及辅助企业，即各大品牌电商企业、各大物流企业、各类零售企业入驻园区，再辅以海关、国检、国税、外汇管理、金融、物流的支持，不断集聚、整合、优化产业结构的专业园区。产业园实现跨境电商生态链的闭合和统一，为园区内各大外贸电商企业的跨境业务提供便利。

跨境电商企业在运营过程中普遍存在物流不配套、运输仓储成本过高的问题。针对该类问题，国内的跨境电商产业园基本都已配备各类海外仓储和全球配送业务，在一定程度上解决了跨境电商企业运营时存在的物流、运输仓储问题。跨境电商产业园本质是对个体资源的整合，个体是指各类跨境电商行业的企业，大批量的跨境电商企业聚集在园区内，享受政策优惠和获得高效的物流、结汇等相关配套服务，便于国内卖家缩短订单周期，降低运营成本，增加商业利润。

7.1.3 跨境电商产业园发展模式

从政府与企业在园区的定位来看，目前的跨境电商园区主要有以下 3 种模式，分别为政府主导型跨境电商园区、企业主导型跨境电商园区、政企合一型跨境电商园区。

1. 政府主导型跨境电商园区

政府主导型跨境电商园区是目前跨境电商园区最普遍的模式，其特点是由省（区、市）级地方政府牵头申请、设立、管理，并且在税收、审批、融资等方面提供众多相关优惠政策，以吸引企业入驻，园区依托政府强大的资金、政策优势，建设进度和发展速度更具优势。此类园区的设立一般源于当地跨境电子商务产业基础比较薄弱、市场竞争力较弱、跨境电商产业配套设施不完善，为促进跨境电商产业的发展，政府凭借当地的区位优势、政策优势、资源优势、成本优势等投资开发建设的产业园区。由于跨境电商产业园体现了线上和线下相结合的高效率性，故园区一般建立在交通便利，物流、仓储配套设施完善的港口、机场等地。由园区所在的省（市）级单位设立相应的园区管理委员会，对园区进行整体规划和布局，完善基础设施、配套设施的建设，全面管理土地招投标、招商引资等环节。

2. 企业主导型跨境电商园区

企业主导型跨境电商园区相较于政府主导型跨境电商园区，政府扶持力度较小，一般由企业自行筹措开发资金并自负盈亏，企业承担建设运营的主体责任，按照流程合法合规办理各项手续。此类园区一般是龙头电子商务企业以自身竞争力为核心，筹集资金建设园区，吸引上下游配套中小企业入驻并逐步形成电商企业的集聚，最终发展成为电商产业集群园区。由于此类园区企业居于支配地位，主导园区运营，政府控制程度有限，因此园区运营管理机制更加灵活，运营方式更加契合市场发展需要，在布局和运营上服务于企业的整体战略发展和利益的实现。目前该类园区数量较少，只有类似阿里巴巴、京东、苏宁等产业巨头具备开发此类园区的能力。从园区发展程度上看，此类园区还未发展成熟，阿里巴巴等旗下园区并没有兼具跨境电商园区定义的全部功能。

3. 政企合一型跨境电商园区

政企合一型跨境电商园区是指由政府或国有控股企业与社会民营企业合作或合资组建的园区，其以新组建的企业为主体负责园区的开发建设、资金投入，政府可通过设立园区管委会对园区日常行政事务进行管理和监督。此类园区相较于政府主导型跨境电商园区，投资企业与政府关系较对等，相对更有利于企业发展。政企合作开发模式的优势在于既充分利用了政府资源，又引进了民间资本，使园区运营更符合市场需求，共同推动和促进了园区的发展。

7.2 陕西跨境电商园区发展现状

7.2.1 陕西跨境电商园区快速发展

随着国家跨境电商政策的不断出台，作为“互联网＋园区”的典型产物，电商园区建设进入新一轮高潮。各地网商与电子商务服务商的集聚和互动，催生了众多的电商园区。在电商园区热潮中，跨境电商园区和县域电商园区成长迅速，成为新趋势。前瞻产业研究院电商大数据库监测数据显示，截至目前，全国电商园区数量已经超过2208个，跨境电商园区有317个；陕西省共有68个电商园区，其中跨境电商园区12个（见表7－1），其他电商园区56个（具体见附录C）。

表7－1　陕西省各市跨境电商园区分布

序号	园区名称	时间	园区定位	城市	地区	企业数量
1	中国（西安）邮政跨境电商产业园	2022年8月	跨境电商	西安市	西咸新区	—
2	中国（西安）跨境电子商务综合试验区	2018年7月	跨境电商	西安市	西咸新区 雁塔区 灞桥区	—
3	智诚跨境电商产业园	2018年7月	跨境电商	西安市	雁塔区	300
4	新丝路国际电子商务产业园	2015年3月	跨境贸易电子商务、创业指导、项目孵化、物流配套、第三方服务	西安市	灞桥区	1525
5	西安国际港务区	2010年11月	物流园区、国际港口、跨境电商	西安市	灞桥区	2100
6	西咸新区空港新城	2011年7月	跨境电商	西安市	西咸新区	—

续表

序号	园区名称	时间	园区定位	城市	地区	企业数量
7	阿里巴巴创新中心西安基地	2019年6月	互联网创业孵化平台：西北唯一的面向全球云计算、大数据、跨境电商等创新创业企业的聚集孵化基地	西安市	长安区	124
8	陕西跨境电商国际快件产业园	2020年9月	跨境电商国际寄递物流	咸阳市	渭城区	—
9	中国（宝鸡）跨境电子商务综合试验区	2022年1月	跨境电商	宝鸡市		—
10	宝鸡综合保税区	2021年4月	增设为跨境电商零售进口试点区域	宝鸡市	陈仓区	4
11	中国（延安）跨境电子商务综合试验区	2020年4月	跨境电商	延安市	新区	—
12	合阳龙工场跨境电商产业园	2021年8月	电子商务 跨境电商	渭南市	合阳县	—

资料来源：各园区网站、政府网站数据，经整理得出。

同时随着国家农村扶贫战略的实施，陕西农村电商快速发展，陕西果业直播“百千万工程”促使农民通过直播销售水果的比例不断提高，进一步促进了乡村电商及乡村电商园区的发展，为跨境电商园区的发展奠定了基础。

7.2.2 园区地理分布较为集中

从表7-1可以看出，截至目前，陕西省共有西安、延安、宝鸡3个城市分别于2018年7月、2020年4月、2022年1月获批跨境电子商务综合试验区。陕西跨境电商园区主要集中在关中地区，主要依靠政府主导，凭借政策优势带动周边电商产业发展，形成以西安为中心，以陕西自贸区为核心，辐射陕西其他城市的格局。

7.2.3 园区入驻企业业务范围较广

在各大跨境电商平台上，商品品类众多，因此陕西跨境电商园区入驻企业业务范围较为广泛，不仅包括货物贸易的各大品类，还包括互联网信息技术、电子商务平台开发、运营管理、咨询、投资、资产评估等与贸易相关的各种服务企业。

7.2.4 园区政策优惠幅度较大

2013年后，陕西省逐步加大对电子商务的扶持力度，陆续出台多项政策对其进行扶持。2013年11月，西安市政府出台的《关于加快电子商务发展的若干意见》明确提出，对项目投资额超过500万元、年网络交易额超过1000万元的企业，给予一次性资金扶持50万元。对项目投资额超过2000万元、年网络交易额超过5000万元的企业，给予一次性资金扶持100万元。对取得中国人民银行《支付业务许可证》的第三方支付平台在西安设立全国总部的，给予企业200万元一次性奖励[①]。2014年7月、2015年4月、2016年2月西安市政府又陆续出台了《关于进一步加快电子商务发展的若干意见》《关于印发发展跨境电子商务实施方案的通知》《关于大力发展电子商务加快培育经济新动力的实施意见》等文件，继续加大对电子商务的支持力度。

在此背景下，跨境电商园区快速发展，园区对企业的优惠政策逐步加大，如涉及电商业务的西安国际港务区，专门设立高达1亿元的电子商务产业发展专项扶持资金，主要用于对电商企业的补贴和扶持。西咸新区空港新城为鼓励跨境电子商务企业开展进出口业务，2019年出台政策规定企业年度纳税（跨境电商综合税、企业所得税）规模达到100万元人民币（含）以上的，对其通过西安咸阳机场海关完成的进口业务按照以下标准给予操作费补贴：全年进口货物超过

① 西安市人民政府．西安市人民政府关于加快电子商务发展的若干意见[EB/OL].(2014-01-17)[2021-10-01]. http://www.xa.gov.cn/gk/zcfg/szf/5d4928d4f99d6572b769bb3e.html.

100 万美元或 10 万单（含 10 万单），全额补贴 1 元人民币/单；全年进口货物超过 200 万美元或 20 万单（含 20 万单），全额补贴 1.5 元人民币/单；全年进口货物超过 500 万美元或 50 万单（含 50 万单），全额补贴 2 元人民币/单；全年进口货物超过 1000 万美元或 100 万单（含 100 万单），全额补贴 3 元人民币/单；全年进口货物超过 2000 万美元或 200 万单以上（含 200 万单），全额补贴 4 元人民币/单。企业在西安咸阳国际机场通过航空物流运输方式开展跨境电子商务零售直邮出口业务，对其通过西安咸阳机场海关完成的出口业务按照以下标准给予奖励：年出口额达到 300 万美元（含 300 万美元）且单量完成 50 万单，每出口 1 美元奖励 0.1 元人民币；年出口额超过 1000 万美元（含 1000 万美元）的部分，每出口 1 美元奖励 0.2 元人民币，单个企业每年补贴最高不超过 300 万元人民币[①]。

7.2.5 园区类型以政府主导型为主

陕西跨境电商产业相对东部地区发展较为缓慢，而跨境电商园区的建设一般存在周期长、规模大的特点，需要大量资金，因此陕西跨境电商园区以政府主导型为主，兼有企业主导型。西咸新区空港新城、中国（西安）邮政跨境电商产业园、中国（西安）跨境电子商务综合试验区、西安国际港务区、宝鸡综合保税区都是政府主导型跨境电商园区。政府成立园区管理委员会对园区的整体规划和布局、基础设施及配套设施的建设、土地招投标、招商引资等实行全面管理。例如，西咸新区为了助力其辖区园区的发展，对沣东新城园区明确提出“5 +1”产业体系发展方向，具体包括总部经济、新兴金融、跨境电商、平行进口车、专业服务以及服务贸易企业孵化器。同时为了促进园区服务贸易企业聚集发展，设立 20 亿元服务贸易企业成长基金、

---

① 西咸新区管委会．空港新城扶持跨境电子商务产业发展奖补政策[EB/OL].(2019 - 07 - 10)[2021 - 10 - 01].http://www.xixianxinqu.gov.cn/gzfw/zsyz/zszc/xqzc/60153d32f8fd1c2073f13112.html.

专项资金 610 万元。除此之外，西安、宝鸡、延安的跨境电子商务综合试验区从园区规划、管理、建设到发展方向及政策扶持都是以政府为主导。

跨境电商的发展前景吸引了大量民间资本的进入，推动了企业主导型跨境电商园区的发展。2018 年成立的智诚跨境电商产业园、2015 年成立的新丝路国际电子商务产业园、2021 年成立的合阳龙工场跨境电商产业园以及县域电子商务园区多是以企业投资、企业管理为主，企业建园后采用帮扶本地企业转型、孵化大学生创业项目、打造陕西跨境电商品牌、政府提供补贴等多种方式吸引企业入驻，以增加入驻园区的企业数量。

7.2.6　园区吸引大型企业入驻，提升物流效率

各园区积极依托电子口岸、跨境电商平台、陕西自贸区、跨境电商综合试验区等优势，加强与大型国企联动，吸引与“长安号”具有较强关联的跨境贸易、跨境物流和外贸综合服务平台企业落户。在此基础上，为进一步提升物流效率，构建高效率跨境电商物流通道，打造一般贸易进出口货物分拨集散中心，逐步实现从“物流中心”到“物流集散中心”再到“产业中心”的转型升级，做大、做强跨境电商业务。

7.2.7　园区通关便利化凸显

1. 搭建跨境电商服务平台

陕西跨境电商园区与海关进行合作，并开发、搭建跨境电子商务服务平台，为园区企业进出口申报提供便利。例如，宝鸡综合保税区内的跨境电子商务公共服务平台、西安跨境贸易电子商务服务试点平台、“通丝路”陕西跨境电子商务人民币结算服务平台、“丝路城”跨境电商平台、西安综合试验区线上综合服务平台等，体现集“关、税、汇、检、商、物、融”于一体的特点，通过在制度建设、政府管理、服务集成等方面实现跨境电商自由化、便利化、规范化的发展，为园区货物的通关提供便利。

2. 优化流程，整合资源，通关模式实现便利化

跨境电商 B2C 业务具有数量少、频次多的特点，为减少通关时间，园区开通了“清单核放、汇总申报”的通关模式，通过海关、国检、国税、外管、电商企业、物流企业等之间的流程优化，最大限度地提高通关效率，降低通关成本，实现海关监管、支付监管以及物流跟踪的全程集约管理。

3. 对接海关监管模式的变化

为方便企业实现入区退税，园区采用“9710”和“9810”模式，实现对跨境电商及保税等进出境物品的监管、查验等工作，满足海关监管条件。各平台以“一点接入”为原则，包括跨境申报系统、跨境商品查验系统、退免税管理系统、仓储管理系统和场站管理系统等。企业采用“9710”和“9810”模式，充分发挥入区退税、缴税优惠、申报简便、退货方便等业务优势，降低物流成本，提高资金利用率及配送时效，增强国际贸易竞争力。

7.2.8 园区的盈利模式以政府补贴为主

跨境电商园区的盈利模式主要有 3 种：租金收入、政府补贴和增值服务收入。目前，园区的盈利更多来自以上一种模式或多种模式的组合。总体来看，企业主导型跨境电商园区的收入主要来自租金、增值服务，政府主导型跨境电商园区的收入主要来自政府补贴。陕西政府主导型跨境电商园区在初期对入驻企业减免租金，园区收入主要来自政府补贴。例如，西咸新区空港新城投入 20 亿元资金对园区、企业进行补贴，按照年度纳税额（跨境电商综合税、企业所得税）、全年进口额进行补贴，采用累进补贴的方式，完成额度越高，补贴额越大。

7.2.9 园区依托本地优势聚集资源

跨境电商的运行需要人才、园区、基础设施、政策等的协调配合，陕西跨境电商园区集“政、产、学、研、用”于一体，充分依托

陕西本地的高校、科研、产业基础、政府，为企业提供“一站式”服务，借助自有全球跨境电商公共服务平台，着重孵化具有国际竞争力的跨境电商企业。跨境电商产业园协同文创、跨境电商企业及其产业链的跨界融合，积极实施“电子商务+科技”“电子商务+商贸”“电子商务+外贸”行动计划，通过出台系列奖励扶持政策，聚集资源，构建产业扶持体系，打造跨境电商生态企业集群。

7.3 陕西跨境电商园区发展存在的问题

7.3.1 地理分布不均衡

陕西跨境电子商务园区分布呈现明显的不均衡性。由于地理位置的原因，陕西跨境电商园区主要集中在西安、咸阳、渭南、宝鸡和延安，其数量分别为7个、1个、1个、2个、1个，关中地区占比为92%（见表7-1）。陕西省其他电商园区主要集中在关中地区，西安、铜川、宝鸡、咸阳、渭南、延安、汉中、榆林、安康的电商园区数量分别为11个、3个、4个、14个、10个、2个、4个、4个、4个（见附录C）。其中西安、铜川、咸阳、渭南、宝鸡电商园区数量共53个，占陕西省电商园区数量的78%，陕北地区、陕南地区电商园区数量分别为7个、8个，占比相对较小。

7.3.2 园区数量较少

由于地理位置、交通、产业基础、政府政策等因素的差异，陕西跨境电商相对东部地区发展缓慢，跨境电商园区数量总体相对较少（如图7-1、图7-2所示），相较于浙江、江苏、广东等东部省份，陕西省跨境电商园区的数量在全国排在中间位置。2015年国务院开始在各省（市）设立跨境电商综合试验区，到2022年共设置7个批次165个跨境电商综合试验区，其中陕西3个，从数量上在全国排名第二十位（和贵州、山西并列），排名相对靠后（见图7-3、附录D）。

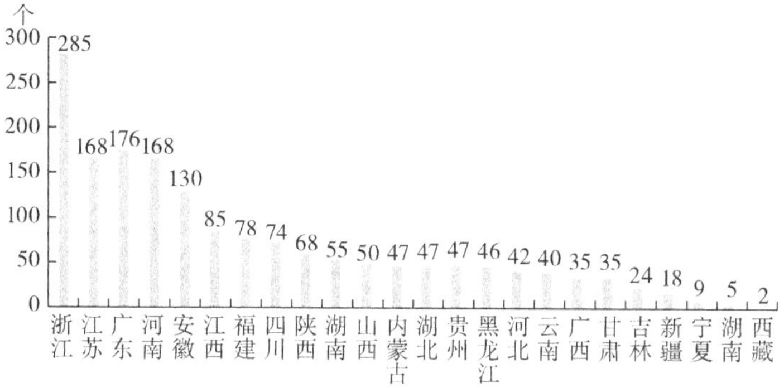

图7-1 中国各省（区、市）电商园区数量分布

资料来源：前瞻网数据，经整理得出。

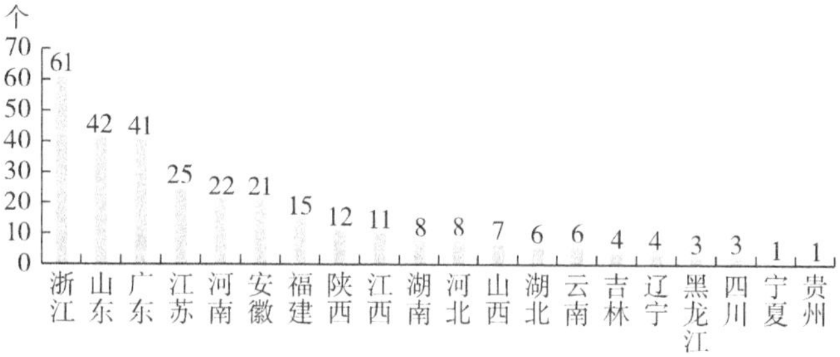

图7-2 中国各省（区、市）跨境电商园区数量分布

资料来源：前瞻网数据，经整理得出。

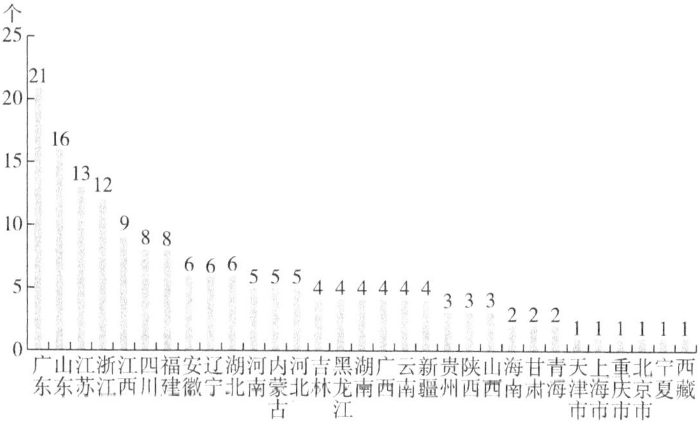

图7-3 中国各省（区、市）跨境电商综合试验区数量分布

资料来源：中华人民共和国中央人民政府网数据，经整理得出。

7.3.3 部分园区投资成本较高，企业寻求自身利益

跨境电商园区从规划、开发、建设到企业入驻，建设周期较长，投入资金较多，加之为吸引企业入驻，政府会给园区、企业一定的资金补贴，进一步加重财政负担，使园区建设成本较高。政府为缓解资金压力，引导民间资本进行投资，政企之间建立对等合作关系，更有利于企业寻求自身利益。例如，渭南市合阳县 2020 年全县地区生产总值为 112.97 亿元，合阳龙工场跨境电商产业新城项目，规划面积 1700 平方米，建设周期 10 年，计划总投资高达 21 亿元。合阳龙工场跨境电商产业新城项目由大龙网集团投资建设，重点建设跨境电商产业园、国家电竞中心、龙招商基地、龙社区基地、龙住宅配套五大板块，其中陕西合阳龙工场跨境电商产业园总投资为 8000 万元，在总投资额中占比未达 1/10。

7.3.4 部分园区招商优惠政策缺乏可操作性

陕西跨境电商园区为吸引企业入驻，纷纷出台优惠政策，但是由于部分园区周边配套、发展仍不成熟，产业基础薄弱，人流量不足，导致园区在招商引资竞争中处于相对弱势的地位，入驻企业数量较少。园区在发展初期，亟须相关招商引资优惠政策吸引企业入区投资置业。由于多数园区已发布的相关优惠政策是针对整体区域的政策，政策标准较高，对企业的要求高，使得很多高成长性企业、新兴产业、初创企业不能满足相应政策要求，致使此类企业被挡在门外。

根据企业的需求反馈，园区多数企业为政策导向型，企业关心的政策主要集中在房租减免、税收返还（区域留成部分）及个人所得税返还等。由于多数园区已制定的政策大部分无具体实施细则（包括相应的认定标准），导致政策的解读、兑现时间没有参照标准，使政策落地较为困难。

7.3.5 部分园区定位不明确，存在重复建设

随着跨境电商的发展，陕西各市尤其是西安成立了多个特殊区域以推动跨境电商的发展，涉及跨境电商业务的园区众多，各园区立足自身，依托各区域资源，确定重点发展产业时定位不明确，导致各园区之间竞争激烈，企业入驻率不高，重点产业交叉重复。

例如西咸新区沣东新城，2016 年园区发展初期确定的“5 + 1”产业体系中包含跨境电商产业，但跨境电商发展的核心基础是园区的产业基础，陕西入驻各大电商平台的中小企业数量较同处内陆地区的重庆、湖北、四川数量少，产业基础总体较为薄弱；同时，西咸新区沣东新城园区交通位置相比空港新城较为不便，并且缺乏先机优势。2014 年西安市依托西安综合保税区开展跨境贸易电子商务服务试点，西安国际港务区被指定为国家级电子商务示范基地、国家跨境贸易电子商务服务试点陕西省唯一区域，而沣东新城园区在此方面缺乏优势，因此园区虽将跨境电商作为主导产业之一，但由于西咸新区产业基础较为薄弱，致使企业入驻率较低。

陕西在跨境电商领域形成了部分较有优势的平台或模式。例如，西安跨境电商平台（出口）、西安对外文化贸易基地推出丝路汇文化产品跨境电子商务平台，西安浐灞生态区推出“通丝路”跨境电商平台，西安国际港务区的“长安号 + 跨境电商”模式等。以上平台在一定程度上能够推动陕西跨境电商的发展，但由于以上平台位于不同园区，导致跨境电商相关企业会分散入驻不同园区，一家园区内某一行业入驻的数量总体偏少，平台存在重复建设问题，无法形成合力。

7.3.6 部分园区入驻企业无法形成规模化产业集聚区

目前，各园区内企业以电商企业和服务商为主。园区内各行业企业都有所入驻，但由于大型龙头企业引进得较少，每一行业企业总量较少，且多以中小企业为主，导致园区无法有效形成产业集聚区。由

于园区缺乏对园内的企业资源进行整合创新的能力，园内企业多停留在对园区基础设施利用层面，加之货物供应商、物流仓储、科研服务、金融机构等跨境电商相关企业引入数量较少，更不利于跨境电商园区集聚效应的实现，导致园区的经营模式无法形成标准化、流程化，继而致使园区内企业运营成本和交易成本偏高。

7.3.7 部分园区营商环境有待提升

1. 优惠政策不全面

部分园区在宣传时明确提出对入驻企业有优惠政策，但在和企业相关性较大的方面，如开办企业、办理施工许可证、获得电力、登记财产、跨境贸易等，并无特别优惠的政策。此类园区和其他园区相比还存在办理时间较长、申报时被认为存在违规业务的问题，导致园区在吸引企业入驻时处于相对弱势地位。同时陕西跨境电商园区基本只提供硬件服务，缺乏软环境服务项目，且缺乏此方面的长期规划，因此阻碍了园区内企业及园区本身的发展。

2. 通关效率有待提升

世界银行评价跨境贸易指标通过假设价值5万美元的不同种类货物进口和出口，记录进出口程序中所需花费的时间和成本（不包括关税），包含单证合规、边界合规和国内运输。美国、丹麦进口平均耗时分别为10.6小时、1小时，花费分别为175美元、0美元；出口平均耗时分别为44小时、1小时，花费分别为93.12美元、0美元。

同为内陆地区的成都，为促外贸保稳提质，采取多种措施持续提升通关效率。2021年成都扣除国内运输段后，出口、进口整体通关时间分别为38.61小时、1.06小时①。而陕西2020年9月进口、出口整体通关时间分别为41.33小时、2.7小时，虽然较2017年已经分别压

① 成都海关.2021年12月成都海关整体通关时间情况表[EB/OL].(2022-01-18)[2022-01-20].http://www.customs.gov.cn/chengdu_customs/519425/fdzdgknrl/zttgsj/4147765/index.html.

缩了 54.4%、57.8%[①]，但整体相比之下，陕西通关耗时较高，通关效率有待于进一步提升。

7.3.8 部分园区税务申报存在问题

西咸新区跨境贸易类企业在西咸新区沣东新城税务局斗门税务所处理税务申报问题时多次遇到系统提示风险警告以及经营异常的问题。据调研，由于金山税务系统和陕西国税网上申报系统未统一，致使很多进出口企业在税务申报时都面临此类问题，然而此类现象实际是进出口业务性质决定的非违规业务现象。园区招商引资项目涉及农副产品类、能源类大宗商品交易中心（平台）。该类企业在申报纳税时，由于其按增值税税票报税，存在企业实际应报税额较小，票面税额较大，与企业实际情况不符的现象，有可能被系统认定为企业经营异常。例如该类企业被纳入非正常或异常名录中，将对后续办理其他涉税事项造成不便。

7.3.9 部分园区建设选址不合理

跨境电商产业园一般多建于交通便利、基础设施良好的区域。但随着陕西跨境电商园区数量急剧增长，建设用地的需求越来越大，在此形势下，土地供应量却在急剧减少。在此背景下，陕西部分跨境电商园区建设用地只能以旧工业用地为主，园区建设在旧工业园区基础上进行改造。例如，合阳龙工场跨境电商产业园区位于合阳县经开区清华紫荆扶贫产业园，园区建设出现地域分布不合理、交通运输不便利等现象，难以形成与线上电商协同发展的模式，不利于跨境电商园区及园内企业的发展。

---

① 西安海关．西安海关发布2020年前三季度陕西外贸进出口情况[EB/OL].(2020-10-23)[2021-10-01]. http://www.customs.gov.cn/xian_customs/527489/527491/3472415/index.html.

7.4 郑州跨境电商园区经验总结

近年来，河南省跨境电商业务量始终保持全国领先地位，2020年郑州海关共验放跨境电商进出口清单2.43亿单，货值306亿元，比上年分别增长91.5%和89.4%，其中进口7582.4万单、出口1.67亿单，实现跨越式增长①。根据2020年5月10日全球跨境电商大会平行论坛发布的统计数据，当前中国的跨境电商综合试验区中，郑州在发展指数上位居第四，领先于上海、北京等城市，仅微弱落后于杭州、广州和深圳②。

7.4.1 系统优势吸引跨境电商相关巨头入驻

2016年郑州设立跨境电商综合试验区后，明确综合试验区的整体发展理念，研发的“单一窗口”大数据分析系统可接入各大跨境电商企业，该系统的“数据互换、监管互认、执法互助”功能，有利于企业快速掌握国内外跨境电商的发展形势，规避跨境贸易风险，吸引阿里巴巴、京东、聚美优品等国内跨境电商巨头及UPS、DHL、联邦快递等国际物流企业入驻，同时带动了中大门、世航之窗等郑州本土跨境电商的发展。

7.4.2 共享数据信息实现即时秒通关

为提升园区跨境电商的报关效率，缩短报关时间，郑州跨境电商综合试验区建立了跨境电商综合服务平台。该平台每天最高可处理100万包业务，即处理500单最快仅需1秒，实现跨境电商业务的秒通关。该平台整合海关、税务、银行、检疫、物流等多个部门的数据

---

① 赵振杰. 2.43亿单！2020年我省跨境电商进出口清单比上年增长超九成[N/OL]. 河南日报,(2021-01-20)[2021-08-10]. http://zhengzhou.customs.gov.cn/zhengzhou_customs/501400/501401/3523006/index.html.

② 贾孝魁. 跨境电商综试区“郑州模式”的创新经验总结及启示[J]. 对外经贸实务，2020(10):21-24.

库，实现了数据信息的流通共享，实时上传交易、支付、物流相关单据信息，98%实现自动化审核，实现一次报关、一次审验、一次放行的“关检三个一”便利化。

7.4.3 创新商业模式提升消费者购物体验

针对跨境电商B2C模式下，消费者存在无法事先感知商品质量的问题，园区依托“单一窗口”的秒通关开创了“网购保税+O2O线下自提”的模式。在此模式下，消费者在下单前可提前体验以保税担保方式展示的保税直购体验中心的进口商品，具体流程如下：消费者提前体验—线上即时下单—平台即时申报—海关实时审核—企业实时清关—消费者收到商品。采用此模式一是有利于物流成本的降低；二是整合线上与线下环节，利于快速通关；三是可追溯的流程在保证商品质量的同时有利于提升消费体验。

7.4.4 整合资源形成“三平台七体系”配套服务模式

跨境电商的运营涉及多个相关服务产业，围绕跨境电商产业，整合平台和相关配套服务产业，形成具有郑州特色的“三平台七体系”的配套服务模式。“三平台”包括跨境电商企业孵化平台、线下综合园区平台、具有“单一窗口”功能的综合信息服务平台；配套服务模式“七体系”是指与跨境电商密切相关的智能物流体系、金融服务体系、统计监测体系、信息共享体系、信用管理体系、质量安全体系和风险防控体系。实现以人民币结算，简化收汇、结汇的手续，在此基础上，进一步推动“中大门”——国际陆港产业园的发展，促进跨境电商产业实现聚集。

7.5 杭州跨境电商园区经验总结

2021年，浙江全省实现跨境电商进出口3302.9亿元，同比增长30.7%，规模约占全国跨境电商出口规模的1/6。其中，出口2430.2亿元，同比增长39.3%，全省出口活跃网店达14.9万家，较上一年增加3.1万家。同期，通过海关跨境电商管理平台出口大幅增长3.7倍。

7.5.1 “两平台六体系”

截至2022年，浙江跨境电商综合试验区总数达到12个，实现了全省域覆盖。2015年，杭州设立全国首个跨境电商综合试验区，通过打造“两平台六体系”，构建了完整跨境电商的产业链和生态链。杭州通过聚拢跨境电商综合试验区、人才、资金等要素，打造了上城、下城、下沙、空港、临平、江干、拱墅、西湖、滨江、临安、余杭、萧山、邮政速递13个覆盖整个杭州地区的跨境电商园区，总面积达323万平方米，入驻企业2188家，杭州跨境电商综合试验区“一核、一圈、一带”总体布局基本形成。

1. 打破信息壁垒，便捷通关

“两平台”是指线上“单一窗口”平台和线下“综合园区”平台，“六体系”包括信息共享服务体系、金融服务体系、智能物流体系、电商信用体系、风险防控体系和统计检测体系。由于传统外贸企业在综合试验区高度集中，综合试验区平台种类众多，企业登录不同平台报关时效存在差异。杭州跨境电商综合试验区通过线上“单一窗口”平台和线下“综合园区”平台实现协同发展，实现信息共享，打通“关”“税”“汇”“检”“商”“物”“融”之间的信息壁垒，实现监管部门、地方政府、金融机构、电子商务企业、物流企业、跨境电商平台之间信息互联互通，制定了全国首个跨境电子商务B2B出口认定标准、申报流程，率先实现全国通关一体化，报关企业“一地注册、全国报关”，即从杭州报关的企业，实现直接从上海、宁波、厦门、天津等口岸出口，企业出口货物申报时效缩短。

2. 信息共享，建立信用体系

跨境电商企业信用对平台发展、消费者体验、融资等至关重要，杭州跨境电商综合试验区根据电商主体身份、电商信用、商品信息、货物运输以及贸易等信息建立跨境电商信用数据库；根据政府部门数据，结合企业外部环境、企业资质、经营管理、历史信用记录、发展前景、企业财务状况、企业实体考察等信息，构建跨境电商信用评级指标体系；对企业实施分级分类管理，将信用度低、存在重大失信行为的企业和个人，列入信用管理负面清单。企业、消费者等主体均可获知这些信息，减少买卖双方之间的信息不对称。

3. 互联互通，物流全程信息化

杭州跨境电商综合试验区通过建设机场航空物流平台，整合跨境物流资源，打破航空公司、海关以及货运代理系统的信息壁垒，互联互通，实现航空物流相关节点全程信息化；出台扶持政策，推动企业实现物流仓储信息化，开发物流仓储智能管理平台，如海仓科技的智能化高效库区、WMS 仓储管理系统、圆通速递金刚系统、菜鸟大宝仓储管理系统。

4. 联合金融机构，创新金融服务体系

杭州跨境电商综合试验区联合中国出口信用保险公司浙江分公司，为跨境电商企业量身定做收款安全保障方案；联合中国建设银行设立“跨境电子商务金融中心”，并率先与杭州跨境电商综合试验区“单一窗口”平台数据对接，实现账户管理、支付结算、结售汇、监管信息报送等标准化服务；联合支付机构建立跨境外汇支付业务试点，将试点支付机构办理企业跨境电商货物贸易项下单笔交易限额由等值 5 万美元提高到等值 20 万美元；联合支付宝、连连银通、网易宝等金融机构，降低跨境交易成本；联合金融机构，搭建符合跨境电子商务特点的金融账户体系；简化个人电商开立外汇结算账户程序，境内个人电商在“单一窗口”备案后可开立外汇结算账户，不受个人年度等值 5 万美元结售汇总额的限制。

5. 对接信息系统，建立风险防控体系

杭州跨境电商综合试验区对接市场监管局征信系统与公安局户籍系统，监控企业风险、确保市场交易主体身份的真实性；对接阿里巴巴平台，建立海外买家征信体系，设立跨境电商信用保障资金池，引导企业通过诚信经营积累信用，给供应商背书，为4000家以上杭州企业提供超过8.5亿美元的信用保障额度。

6. 建设“单一窗口”平台，推进无纸化进程

杭州跨境电商综合试验区建设完成“单一窗口”平台建设，为电商和平台企业提供备案、数据支撑、业务应用三大类30多项服务；对出口退税实行“无纸化管理”，电商企业只需提供通过税控数字证书签名后的正式电子数据，改变了以往向主管税务机关报送纸质凭证和纸质申报表留存企业备查的做法，推进无纸化进程；提升跨境电商企业出口退税管理类别，推进税收便利化管理，对于纳入“单一窗口”的外贸综合服务企业，符合要求被评定为一类或二类的出口企业，可使用增值税专用发票认证系统信息审核办理退税，之后再用稽核信息进行复核。

7.5.2 形成跨境电商集聚区

杭州跨境电商综合试验区打造的13个线下跨境电商园区错位发展，吸引了大量跨境电商企业入驻，形成跨境电商集聚区。跨境电商B2C领域，集聚了速卖通、天猫国际、苏宁易购、母婴之家、网易考拉、银泰网等跨境电商零售进出口企业；B2B领域集聚了阿里巴巴国际站、敦煌网、大龙网等跨境B2B平台；综合服务领域集聚了一达通、融易通等外贸综合服务企业；报关及仓储物流领域集聚了顺丰速运、东航物流、中外运、网仓科技、富垣昌等跨境物流仓储企业；支付领域集聚了支付宝、连连银通、网易宝、贝付科技、PingPong等第三方支付企业，以及大量的跨境代运营、大数据运营等第三方服务企业。

7.5.3 新兴产业集群发展迅速

“十三五”期间，杭州建设万亿信息产业集群，建设文化创意、旅游休闲、金融服务、健康产业、时尚产业、高端装备制造六大千亿

产业集群。2021 年，浙江省财政设立 2 亿元专项激励资金，累计在 62 个县（市、区）设立省级产业集群跨境电商发展试点，鼓励生产型、供应链型企业发展跨境电商业务[①]。在执御、子不语等“头雁型”企业的驱动下，杭州跨境电商综合试验区产业集群经济规模效益极为显著，目前已超过 100 亿元。

7.6 广东跨境电商园区经验总结

目前，在全国 165 个跨境电商综合试验区中，广东以 21 个的数量居全国第一位，实现广东跨境电商综合试验区全省全覆盖。从国内跨境电商产业、公司地域分布来看，目前广东省跨境电商相关企业数量排名全国第一，约为 38 万家，占全国跨境电商相关企业总数的 67.93%。深圳拥有全国近 40% 的跨境电商卖家和 80% 的跨境平台、服务商。Marketplace Pulse 公布的数据显示，亚马逊平台上的中国卖家中，深圳占了接近 32%。2021 年广东跨境电商进出口额为 3310 亿元，2016—2021 年跨境电商进出口额年均增长达 92%，2016—2021 年，广东跨境电商额连续 8 年占据全国第一。

7.6.1 本土跨境电商平台助力

广东省本土跨境电商平台“林贰林”和“进口易”是广东首批省级的跨境电子商务试点公司上线的平台。“林贰林”平台采用“电商 + 实体”的购物模式，店内的样品都是完税商品，仅用于消费者体验。待消费者体验完成后，在线上平台进行下单，由“林贰林”平台向海关提交商品订单、支付运输信息，以及消费者个人身份信息，待海关审核放行后，物流公司再从海关特殊监管区发货，配送到消费者手中。

---

① 中华人民共和国中央人民政府．浙江省实现跨境电商综试区省域全覆盖[EB/OL].(2022-02-12)[2022-03-01]. http://www.gov.cn/xinwen/2022-02/12/content_5673219.htm.

“进口易”与其不同，它定位于外贸综合服务类企业，在跨境电商保税物流园中全面布局，同时与悦华物流和香港机场第二大物流服务商联手，将电商与全国货运枢纽结合起来。两个平台已经完全整合了广东外贸企业的品牌优势和网络资源，成为广东跨境电商平台的领头羊，成为广东省跨境电商发展的新起点。

7.6.2 全方位转型升级

在经济全球化以及电子商务快速发展的大趋势下，跨境电商模式正呈现多样化发展，从最初的 B2B 模式，到 B2C 外贸平台，跨境电商平台正在从粗放式向精细化转变，在规范化、标准化上下功夫。当前，广东省跨境电商已告别野蛮生长期，从产品展示平台向提供综合服务转变，从企业单独发展向整合产业链转变。随着互联网信息的发展，广东省内的买方、卖方、厂商、服务机构等跨境电商主体逐步进入电子商务金融领域并与互联网接轨，逐步完成了支付、金融服务、运输仓储等环节的线上整合与全产业链服务整合。

7.6.3 政府优越政策的支持

广东省跨境电商能够有如此成就离不开政府的政策支持，为了贯彻落实广东省跨境贸易高质量发展，加快推进跨境电商高质量体系建设，培育对外贸易竞争新优势，促进贸易新业态蓬勃发展，广东省政府制定了一系列政策措施。

1. 培育跨境电商龙头企业

广东省政府注重政府层面的支持，对在广东省内有单独法人公司和地区总公司，年成交额 30 亿元人民币以上的跨国电子商务公司、年成交额 20 亿元人民币以上的跨国电子商务独立网站公司和卖家，从公司用地、高管落户到孩子上学等方面都予以支持。并引导公司建立跨境电商独立网站，对建独立站并达到一定规模的企业给予财政支持；评比省级电子商务示范企业，对获得评选的跨境电商企业给予政策支持；支持符合条件的企业申报国家高新技术企业或省级技术先进型服务企业；建立跨境电商政府和企业对话“直通车”制度，政府领导要经常与跨境企业沟通联系，及时帮助企业解决困难，支持其发展；并制定目标，给予企业奋斗的动力，争取全省跨境电商企业年交易规模随着时间的推移实现稳步增长。

2. 全省域建设跨境电商综合试验区

建设跨境电商综合试验区是为了适应新型商业模式的发展要求，通过创新破解一系列跨境电商发展中深层次的矛盾和体制性难题，实现跨境电商自由化、便利化、规范化发展。从 2016 年广州、深圳获批综合试验区，到 2021 年广东跨境电商进出口额年均增速 92%，实现了连续 8 年位居全国第一。与此同时，省内不少地区已具备成为试点城市的条件，跨境电商综合试验区扩容已势在必行。随着韶关等 8 个城市的加入，跨境电商综合试验区实现全省 21 个地级以上市的全覆盖，总数位居全国第一。这对提升广东外贸发展水平、保持我国外贸稳定和经济持续增长意义重大。

同时明确跨境电商综合试验区的建设标准，要建设 30 个具有一定规模的跨境电商综合试验区，入驻的企业数量需达到 10 万家。试验区将报关、支付结算、税务保险、软件开发、大数据分析等大型服务型企业重点引入，助力广东省跨境电商产业做大、做强，尽力为跨境电商产业提供“一站式”服务；加强综合试验区周围道路交通、环境、水电配套等基础硬件设施建设，政府鼓励综合试验区建设运营单位为入驻的企业提供融资、培训、咨询等服务。并对入驻园区的各企业在场地租赁等方面给予政策支持；鼓励园区制定各项跨境电商产业发展制度，规范和引导园区产业发展进步；评选省级电子商务示范点，对获得评选的园区给予实际的支持与扶持。这不仅是政府对广东省经济发展的支持，更是对跨境电商这一新兴产业的认可。

3. 提高跨境电商产业聚集力和公共服务力

广东省政府聚焦新一代的战略性支柱产业集，帮助传统制造企业转型升级，支持广东省跨境电商企业与各大社交软件、媒体网站加强合作，将互联网引进企业运作中，开展跨境电商互联网营销业务；鼓励各大跨境电商企业拥有独立自主的品牌境外商标注册和国际许可证。支持各企业建设属于自己的跨境电商数字化平台，实现原料采购、生产制造、终端销售等服务一体化，为消费者提供便利。到2025年，争取建设更多的“产业集群+跨境电商”试点，培育更多拥有跨境电商独立品牌的企业，并打造知名度，让更多跨境电商卖家年交易额达到亿元以上。

广东省政府对跨境电商产业高度重视，全方位提升政府公共服务力。省政府加强统筹协调，积极调动人力物力，及时解决工作中的重点、难点问题。各地有关部门也做到将政策措施宣传到企业内部，每年12月底前会将政策措施落实情况向省政府汇报。

4. 发展跨境电商云端贸易

新冠疫情的蔓延，打乱了经济全球化的秩序，各行各业都受到了影响。新冠疫情的暴发抑制了海内外市场的线下消费需求，使线上购物成为主流方式。广东省跨境电商进出口超出预期，这主要得益于政府及时出台应对疫情稳外贸系列政策，加大对跨境电商行业的扶持力度。线上购物形式也逐渐多元化，以第127届广交会为例，2020年6月，广交会首次以线上的形式召开，并全程打造无间断线上交流，这次广交会以B2B为主，但兼顾了一部分B2C平台，通过会议形式给参展公司和采购商带来网上简介、供采对接、现场谈判等全面服务。尽管是以线上的会议形式召开，却丝毫没有影响成交效率，此次“云端会议”成为特殊时期了解我国外贸新动向的独特窗口。“直播带货”是当前新的营销热点，由于贸易的各个环节都是线上交易，所以以直播的方式将商品展示给广大消费者，使消费者更直观地感受商品的特点，因此直播带货这一新的营销方式逐渐被大众认可。这一特殊时期促成的云经济成为新的发展趋势，跨境电商以云端贸易带动广东省乃至全国对外贸易的发展。

7.7 成都跨境电商园区经验总结

2016年，成都获批成为第二批跨境电商综合试验区，在各级部门和行业组织紧密配合下，成都跨境电商获得了持续快速增长。2015—2019年，成都跨境电商交易规模分别为8.5亿元、23亿元、54.9亿元、110亿元、202.5亿元。2020年，成都跨境电商实现跨越式发展，全年跨境电商交易规模达到435.82亿元（进口77.80亿元，出口358.02亿元），同比增长115.21%。根据成都市商务局数据，截至2022年6月底，成都市跨境电商备案企业2519家，2022年新增300家，实际应用跨境电商企业超过3000家；2022年1—6月实现跨境电商交易规模达432.93亿元，同比增长65.1%。另据成都跨境贸易电子商务公共服务平台数据，2022年1—6月，成都跨境电商总单量达1631.51万单，同比增长146.46%，总货值增幅更达到159.30%。其中，进口单量、出口单量分别同比增长101.11%、155.04%①。

7.7.1 跨境电商市场主体快速集聚

为了支持跨境电商行业的发展，成都不断优化成都跨境电子商务发展环境，出台一系列产业扶持政策。制定出台《中国（成都）跨境电子商务综合试验区零售出口货物免税管理办法（试行）》，并加快推进《关于跨境电子商务综合试验区零售出口企业所得税核定征收有关问题的公告》的落地实施，打通西部国际门户枢纽和内陆开放枢纽中过渡通道的商业往来，对市场占有率高的企业给予奖励、给予国家重点实验室200万元的财政支持等，引优质跨境电商企业落户成都，推动跨境电商市场主体集聚。截至2021年，成都已有注册跨境电商企业2022家，拥有30多家线下体验店，通过线上线下互动，年销售额突破3000万元。在成都全球跨境电商服务资源中心入驻的跨境电商

① 李伊．成都2022年上半年跨境电商交易规模达432.93亿元 同比增长65.1%［EB/OL］.（2022-08-01）［2022-08-02］. https://www.dsb.cn/193199.html.

企业及服务机构，总销售额近30亿元。

7.7.2 创新园区建设机制

成都跨境电商产业园位于华西物流商贸中心区，园区按照“跨境电子商务平台＋外贸综合服务＋国际物流港”的机制进行规划创建，通过跨境电商平台，进行供需信息发布、宣传、搜索、查询、商品交易、商贸配对等活动。园区内海关、货检、公安、政务、物流、货运代理、海关及住宿配套服务齐全，产业园毗邻亚洲规模最大的成都铁路集装箱中心站，毗邻的成都铁路口岸是蓉欧快铁和中亚班列的始发站。这就意味着成都跨境电商产业园不仅拥有欧洲中亚铁路快运港、亚洲最大集装箱航运中心等优势资源，还与东北亚、大洋洲、北美等地区有广泛的合作关系，有助于企业开展全球贸易，有助于国内网络运营商、贸易公司、制造企业、专业市场、商协会和出口企业走出国门，以及有助于国外网络运营商、制造企业和出口企业更好地进入中国市场。

与此同时，成都跨境电商产业园积极培育跨境电商与国际贸易专业人才，并通过商品进出口会议展览中心实现了商品进出口的O2O与全渠道拓展，为跨国交易主体提供综合业务，主要涵盖国际贸易业务、口岸、通关、报检、出口退税政策、结售汇、国际贸易金融、物流、配送、货运代理、销售推广、政策咨询服务等业务。

7.7.3 搭建跨境贸易电子商务公共服务平台

作为成都跨境电商综合试验区通关公共服务的统一入口，平台实现与海关、检验检疫、公安联合监管，外管、税务协同管理体系，并最早一批无缝对接海关总署跨境电商进出口统一版。平台的公共服务功能除提供企业备案服务、多平台专业客户服务、API 技术对接服务以外，还通过自主研发海量报文交换、公安个人身份验证、企业集群加密加签等专业技术成果，逐步开展银行外汇结算系统、跨境 B2B 出口报关系统等新型信息化建设，并重点打造新一代融合大数据等技术的跨境贸易电子商务公共服务平台。基于目前已形成的真实全面的贸易数据，平台与中国银行、中国工商银行、中国建设银行等建立战略合作，共同为企业提供跨境金融服务支撑。截至2020年11月底，企业通过平台申报的跨境电商进出口共计2166.01万单，货值42.46亿元。

7.7.4 组建成都市跨境电子商务协会

成都市通过专业团队组建成都市跨境电子商务协会，共建行业生态。2017年1月，成都市商务局凝聚各方资源，指导组建了成都市跨境电子商务协会，协会秘书处全部由专职人员组成，由行业专家担任专职秘书长，组建高素质团队，与服务资源中心和公共服务平台密切协作，立足本地。协会累计组织了300余场线上线下培训活动；举办了50余场跨境电商进社区、进机关、进楼宇活动；联合20余所大专院校共同发起成立跨境电商人才培育联盟；联合100余家跨境电商企业参加成都大学、西华大学等数十所高校的校园双选会；推荐20家会员企业参加线上广交会。

面向全国，建立跨区域行业协会联动机制。成都市跨境电子商务协会与广州、深圳、厦门、泉州、宁波、杭州、青岛、南京等跨境电商发达地区的跨境电商协会紧密合作，收集并分析最新行业信息，捕捉行业发展动向，深入开展行业研究，对产业支持政策给予专业建议，带动行业合规、快速发展。2020年，成都市跨境电子商务协会在成都市商务局的指导下，协同服务资源中心与公共服务平台，赴深圳、广州、厦门、泉州、宁波、上海等外贸发达城市举办“机会之城、开放之都”外贸招商推介会系列活动，全面广泛宣传成都的国际化营商环境，助推全球跨境电商优势资源在成都集聚。

7.7.5 建立常态传播机制

成都跨境电商建立了常态传播机制，海内外各类媒体平台累计宣传覆盖量达1亿人次。实施了“跨境电商人才计划”，截至2020年

8月底，累计开展跨境电商各类专业培训140余场，共计1万余人次。先后组织100余家成都企业参加中国—巴西国际贸易展、西班牙电子商务展、中国国际电子消费品（印度）品牌展。

7.7.6 成立全球跨境电商服务资源中心

成都市政府和专业智库“亿邦动力”合作成立全球跨境电商服务资源中心，其主要提供跨境电商招商引资、城市产业品牌推广、双创孵化、产业大数据展示、人才培训交流、国外商协会业务联络等系统的产业公共服务。截至2020年8月底，中心累计接待海内外到访企业及调研观摩人士5000余人次，商务部、重庆市、云南省、武汉市、泉州市、天水市、唐山市、青岛市等政府部门也先后开展调研考察。

7.7.7 搭建跨境电商出口信用保险统保服务平台

搭建成都市跨境电商出口信用保险统保服务平台，建立集约化、普惠性的跨境电商出口信用风险防范体系；推动跨境电商公共服务平台数据实现金融价值化，与中国工商银行、中国建设银行等金融机构完成基于平台申报数据的跨境电商进出口收付汇试点和跨境电商普惠金融产品开发。协同外汇管理部门简化跨境电商企业货物贸易收支手续，鼓励银行和支付机构利用金融科技为跨境电商企业提供更加便捷、高效、低成本的跨境结算服务。

7.8 陕西跨境电商园区发展模式

7.8.1 “人才+园区+服务外包企业”模式

以园区为平台，以政策为导向，顺应服务外包产业发展的新趋势，引进一批成熟的服务外包企业；围绕企业的人才需求，依托西安人才优势及人才引进政策红利，多渠道建设服务外包产业人力资源市场；深度推动服务外包企业与高端人才的结合，形成双赢共生的良好产业成长空间。园区引进服务外包企业可以从以下角度出发：

1. 注重引进一批龙头性服务外包企业

由于龙头性服务外包企业能够直接影响上下游企业的区域总部、研发中心和供应链，吸引相关服务外包企业入驻园区，提升就业率、创造更高的经济效益，更能够起到良好的示范和带动作用。所以应当在引进那些处于行业领先水平、国内知名度较高的服务外包企业时特事特办，充分争取省（市）支持，给予此类企业更加优惠的土地、税收及各项扶持政策。

2. 注重协调服务外包产业结构与人才培育

引进服务外包企业时注重协调服务外包产业结构，既要引进以业务流程外包 BPO 为主的服务外包企业，又要注重引进附加值和科技含量更高的以知识流程外包 KPO 业务为主的服务外包企业。同时在服务外包产业人力资源建设方面，要注重与服务外包企业的市场需求对接；注重人才在本土的聚集与培育，从而减少服务外包企业的人力成本；注重在服务外包产业“走出去”的过程中，坚持劳务输出与培育进口国的当地人才相结合。

7.8.2 “金融机构+园区+跨境电商企业”模式

跨境电商属于新生行业，大多数跨境电商企业在发展过程中需要融资，但由于其无固定资产抵押等，难以进行银行信贷，融资渠道十分狭隘，限制其发展。在这种情况下，园区可以以“金融机构+园区+跨境电商企业”为发展模式，在金融机构和跨境电商企业之间搭建平台，引导金融机构向跨境电商企业提供资金支持。同时，跨境电商企业的良好发展也为金融机构的后续发展提供助力。园区可以从以下几个方面入手：

1. 充分发挥中间纽带作用

要发挥园区在跨境电商企业与各类银行、非银行金融机构、风投机构之间的桥梁纽带作用，有针对性、有主题地组织政、银、企座谈会，把企业好的项目推介给银行，把适合企业融资需求的金融机构介绍给企业。

2. 支持跨境电商潜力项目

西安市政府有专项政策扶持资金，但在支持跨境电商潜力项目时作用不明显。应当由园区设立专项扶持基金，或者由园区管理办公室牵头，由园内龙头企业发起成立互助基金，帮助有需要的跨境电商企业进行短期融资。

3. 拓宽融资渠道

由于跨境电商企业大部分规模较小，可供质押的固定资产数额较小。但随着政府对跨境电商产业的扶持力度逐渐加大以及跨境电商产业的不断发展，跨境电商企业的融资环境逐步得到改善；园区可通过各类投资宣传活动，引导风险投资及私募基金关注跨境电商企业；积极汇集民间资本，为跨境电商企业搭建融资平台，加大融资力度。

7.8.3 “高校+跨境电商企业+文化外贸企业”模式

文化教育产业被认为是环保、低耗能、高附加值的智力密集型产业，基于“一带一路”倡议的客观需要，文化教育交流成为双方经贸合作的重要领域。陕西文化基础厚重，教育资源和教育人才较为丰裕，为面向“一带一路”文化教育服务贸易的发展提供了重要支撑。

园区可以充分利用“互联网+”，推动对外汉语教育服务贸易的创新发展，一是以跨境电商为平台，以高校的教育资源为基础，通过高校和文化外贸企业合作开发对外汉语教育服务贸易的线上视频，开展面向“一带一路”对外汉语教育服务贸易的出口。二是通过区内的跨境电商企业，将线上和线下资源结合起来，对高校和文化企业的实务产品进行包装输出。

7.8.4 “园区+园区企业开放共享资源”模式

在“大众创业、万众创新”的时代背景下，各高校、企业、科研机构都积极利用各种资源进行创新创业，同时开放可共享的各种资源。例如，海尔集团在“双创”基地建设中，开放模具资源和研发资源。园区可利用现有基础设施通过“园区＋园区企业开放共享资源”模式发展创新创业，一是引导和支持入驻企业利用园区现有商务楼宇、产业物业、物流设施、商业综合体、商业街区等各类资源建设众创空间；二是鼓励园区入驻企业提供各种开放资源进行共享，为从创客培养到创业落地、创业支持提供全流程孵化加速服务，获取共赢。

7.9 陕西跨境电商园区发展对策

结合前文陕西跨境电商园区存在的问题，借鉴其他省份的经验，陕西跨境电商园区可以从以下几个方面推进园区的建设。

7.9.1 挖掘跨境电商消费主体

1. 改变跨境电商商业模式

由于陕西跨境电商 B2C 平台以亚马逊、速卖通、Wish、eBay 等大型跨境电商为主，因此目前跨境电商以传统的线上下单、支付、审核、线下物流的方式进行，存在从下单到消费者收到货物完成整个跨境电商流程耗费时间较长、消费者无法甄别平台产品质量等影响跨境电商交易额的问题。

郑州的 O2O 模式下，消费者会提前到线下实体店进行体验，此模式增强了消费者的信任感，增加了交易额。陕西政府和跨境电商园区在了解保税商品门店 O2O 模式现场自提流程的基础上，依据行业差异在商城、获取商品信息超市等不同消费场所建立多家体验店，让跨境线下体验店成为消费者获取商品信息的首选场所；在当前的跨境电商服务平台中接入各类 O2O 跨境电商保税商品门店，消费者可以通过平台获取门店信息；为增强消费者的体验感和节约时间，可利用现代人工智能技术、区块链技术丰富跨境电商的购物体验，消费者不必进入实体店，通过平台即可进入虚拟门店感受、体验商品的质量，进一步提升跨境电商的效率。

2. 建立数据平台挖掘消费信息

建立陕西跨境电商大数据库，分析消费数据，挖掘消费者消费品类、价格、品牌、地域、购买习惯等信息，建立跨境电商消费数据库，为政府进行监管，企业寻找目标市场、联系客户、与教育科研机构进行合作提供便利。基于以上数据，政府可以有针对性地出台政策规划，扶持具有潜在优势的行业发展，同时跨境电商企业可以据此制定有效的发展策略。

7.9.2 优化营商环境

1. 提供软环境服务

跨境电商企业依托园区、平台向消费者提供商品及服务，园区在运营过程中，不仅要为入驻企业提供基础办公硬件设施，而且需要提升软环境服务。陕西要实现弯道超车，就要在当前提供的硬件设施的基础上，通过常态传播机制为企业提供包括市场咨询、融资便利、技术支持、人才培养、品牌增值建设、客户关系管理等软环境服务。

2. 成立陕西跨境电商协会

园区牵头，通过成立陕西跨境电商协会，为跨境电商企业提供人才、融资、培训、会务、法律等多方位服务。协会通过对接跨境电商企业，建立陕西跨境电商动态数据库，收集最新行业信息，分析行业发展动向，为陕西跨境电商产业支持政策提供建议。

协会通过对接科研机构，成立陕西跨境电子商务服务资源中心，在陕西各区（市、县）差异化推进服务资源分中心建设，形成横向覆盖广泛、立体产业完善的跨境电商产业生态。承担陕西产业品牌推广、国内外跨境电商协会业务联络等事项，建立跨区域行业协会联动机制，与东部地区行业跨境电商协会合作，探索构建全国跨境电商行业联盟，推动行业服务体系建设，共享产业资源，持续提供政策宣贯、行业研究、行业交流、资源匹配等多层次的行业公共服务，为陕西跨境电商行业发展提供包括态势感知、趋势预测、风控预警、决策判断等方面的智力支持。

协会通过对接高校，提升陕西跨境电商人才的培育水平，负责“双创”孵化、人才培训交流等事项，在人才培育输送、创业引导孵化等方面持续探索产教融合发展；建设陕西跨境电商行业人才大数据平台，实现人才信息数字化和人才匹配智能化。

3. 政府引导实现区域协调发展

经济和工业发展水平的巨大差异，是导致陕西跨境电商地区发展不均衡的根本原因，因此陕西其他区（市）政府应在借鉴西安跨境电商先进经验和先进数字化信息技术的基础上，结合本地优势产业发展跨境电商出口产业；积极培育各地特色产业，提升本地工业技术水平，给予政策以及资金支持，以促进区域协调发展。

7.9.3 明确园区发展定位

1. 园区错位发展，避免重复建设

由政府牵头，整体规划各园区发展目标，错位发展，梳理、协调各园区分工与功能，明确各园区定位，避免同质竞争，积极引入一区多园模式发展；对存在闲置园区的地区，严把审批关；园区结合自身地理位置、规划、产业基础、优势进行招商引资，避免出现重复建设、争抢入驻企业的现象。

2. 引导园区进行转型，优化资源配置

陕西各区（市）电商产业园运营成本较高，多数靠政府补贴及收租金的方式存活，入驻企业数量较少，推动当地电商尤其是跨境电商发展的作用微乎其微。因此政府要优化资源配置，结合本地产业引导园区进行转型，避免资源错置。

3. 园区对接数字贸易项目，推动民间双边数字贸易合作

目前，电商企业的海外数字贸易中心发展迅速，敦煌网和阿里巴巴都在海外建立了数字贸易中心。数字贸易中心是一种结合线上、线

下，整合售前、售中、售后全流程服务的新型数字贸易模式，海外采购商可以用大触摸屏浏览平台的海量货源，现场体验样品，手机扫码下单，现场提货，享有退换货服务，并能围绕交易展开售后、物流、金融、培训等全方位的服务，进而实现对当地中小企业的赋能①。2017 年 11 月，阿里巴巴在马来西亚建立了中国领土以外的第一个世界电子贸易平台，2017 年 12 月敦煌网在马德里建立海外数字贸易中心。目前，我国跨境电商企业已在匈牙利、澳大利亚、西班牙、美国、土耳其、俄罗斯、秘鲁、阿联酋等国家建立海外数字贸易中心，为陕西通过海外数字贸易中心带动贸易发展提供便利。园区应抓住时机，吸引建立海外数字贸易中心的电商企业入园。重点发展信息软件、电子商务、文化创意、服务外包、云服务等产业，这些产业一方面可以利用西安本地优质的教育资源，另一方面可以利用海外数字贸易中心输出产品和服务。同时还可以复制阿里巴巴、敦煌网的经验，园区与“一带一路”沿线国家进行合作，从战略层面上建立双边数字贸易合作，推动数字贸易的发展。

7.9.4 信息共享，提升通关效率

郑州依托跨境电商综合服务平台，通关效率迅速提升，实现秒通关。2017 年，陕西开始推行国际贸易“单一窗口”建设，成为“单一窗口、单一表格”受理试点，建设“两平台六体系”，通关效率逐步提升。2020 年 12 月，西安关中地区进口、出口整体通关时间较 2017 年分别压缩了 60.9% 和 61.8%，但是相较于成都还有一定的差距。

各园区应大力推进信息共享，以通关便利为核心，创新通关监管模式，协调各园区平台之间以及与“单一窗口”平台之间的信息传递。西安同时拥有跨境电商综合试验区、自贸区的招牌，在“两平台

① 张凡. 数字贸易:网上丝路的重要抓手[EB/OL].(2017 - 12 - 04)[2021 - 10 - 01]. https://www.chinatradenews.com.cn/epaper/content/2017 - 12/14/content_49735.htm.

六体系”配套服务体系建设方面要充分考虑相关配套服务的互联互通。打通通关各个流程间的环节，提升跨境电商进出口查验效率，扩大“9710 ”“9810”海关监管方式的出口规模，推进“两步申报”“两段准入”等通关模式落地实施，加快推进跨境电商“无票免税”“核定征收”“有票退税”等税收政策全面落地实施，为跨境电商企业提供“一站式”、一卡通的服务。西安海关、税务、质监、检疫部门、银行、保险、公安、物流等多个单位之间打破信息壁垒，高效合作，集中各部门的审验环节，整合进出口申报、备案、海外仓、无水港、物流、金融等信息服务，全面推行“一站式”作业，通过园区平台的运作，各部门皆可信息共享，实现“一次上报秒通关”。

7.9.5 引进与培养跨境电商龙头企业

对于跨境电商集聚区的形成，龙头企业的引领作用明显。陕西相较于其他省份，龙头企业数量较少，因此需要加大行业龙头企业引进与培养的力度。

1. 精准招引行业龙头企业入驻园区

加大招商引资力度，精准招商，依托园区的优惠政策、产业功能，统筹产业资源优势。针对市场前景较好、国内外行业影响力较大、带动效应明显的行业龙头企业，有针对性地精准引进、错位引进全产业链龙头企业。

2. 培育本地独角兽企业

跨境电商只有不断赋能、产业创新，竞争力才能不断提升，因此由政府牵头，以政策为引导，结合陕西本地产业优势培育具有较强创新能力的跨境电商独角兽企业，深度挖掘产业带资源，以国际市场需求为导向打造陕西新产品、陕西新品牌，从优化资源配置、品牌效应、营销渠道、创新赋能等方面打造标杆示范效应，实现陕西跨境电商赋能，推动陕西传统制造业、商贸业转型升级。引导独角兽企业紧抓贸易数字化政策契机，通过互联网，加大利用搜索引擎、社交网络、自建网站等方式展示、推广企业及商品的力度，推动订单及业务管理数字化。

3. 打造陕西跨境电商品牌标杆企业

首先，带动传统公司和现有综合类跨境电子商务公司积极发展跨境电商。鼓励陕西省内更多传统加工企业积极开拓跨境电商业务，充分发挥各地行业群体资源优势和地方品牌优势，注重打造国际认可度高、行业名列前茅、品牌效应突出、经营实力雄厚的跨国电商品牌标杆类企业。

其次，重点发展具有核心竞争力的新产业，进一步强化企业发展战略，从市场上同质化现象严重的如 3C 产品以及零件、服饰等小产业转向发展附加值更高的新品类，如汽车配件、家电等大宗商品。唯有极具特色且满足目标顾客群体需要的差异化产品，才会提高目标消费者信心，从而增加商品销售额。此外，企业还必须重视树立企业品牌价值，积极提供商品与售后服务，建立良好的本地化口碑；在地方优势品牌的基础上，建立企业品牌的国际营销化战略，选择与国外著名跨境电商平台、新媒体合作，培育企业的整体品牌竞争力。

4. 协同发展，增强行业影响力

发挥引进的行业龙头企业和陕西本地独角兽企业、品牌标杆企业的引领作用，带动陕西本地中小企业协同发展；引导陕西本地企业与产业链上下游企业加强合作，互惠互利；推进陕西本地中小企业信息共享，互通有无，增强行业话语权。

7.9.6 提升陕西跨境电商产业影响力

1. 举办跨境电商节会活动

借助陕西各区（市、县）跨境电子商务服务资源中心，针对重点目标市场，举办具有行业影响力的跨境电商节、跨境电商贸易博览会活动，总结陕西跨境电商发展经验或模式，依据陕西产业定位，打造陕西品牌，扩大陕西跨境电商产业影响力。同时积极促进陕西跨境电商业务标准化、流程化，促进陕西跨境电商在区域间和国际间的规则协同。

2. 借助境外园区，宣传陕西跨境电商

首先，借助“中俄丝路创新园”俄方园区，开展线上、线下国际市场宣传和拓展活动。充分利用“中俄丝路创新园”这块金字招牌，由陕西省政府牵头，按照“一个平台、四个中心”的发展定位，以策划跨境电商重点项目和活动为抓手，整合中俄科技、教育、文化、商贸等领域的优势资源，策划一批大型跨境电商国际会展项目，孵化一批跨境电商领军产业，把俄方园区打造成陕西跨境电商对外开放的平台。实现由单一性的“科技创新园区”向全省对外跨境电商展示合作交流的综合性平台转变。

其次，充分利用“中俄丝路创新园”与俄罗斯农业部、俄罗斯科学院、莫斯科大学、莫斯科航空学院等国家权力部门和大专院校合作基础良好的优势，支持“中俄丝路创新园”发挥优势，推进俄罗斯及独联体国家与陕西在跨境电商产业、人才方面的交流。

最后，为跨境电商企业拓展市场相互提供服务。建立陕西特色商品展示销售中心或海外仓；对有意愿来陕西开拓市场的企业，进行当地资源对接，扶持公司成立和初期阶段的运营，支持陕西省优势企业在园区设立营销中心；引导俄方大型企业，在陕西设立销售平台，开展贸易活动；支持帮助跨境电子商务企业在园区建设境外服务平台，为陕西省跨境电子商务企业提供贸易、仓储、配送和售后服务。

7.10 本章小结

跨境电商园区承载着跨境电商产业发展的功能，是海关、国检、国税、外汇管理、金融、物流的联结点，是跨境电商产业发展的基础。陕西经济发展的不均衡性导致跨境电商园区的集中性，陕西跨境电商园区积极搭建跨境电商服务平台、对接海关监管模式的变化、优化流程、整合资源，积极实现通关便利化。陕西跨境电商园区充分依托陕西本地的高校、科研、产业基础、政府，一定程度上形成跨境电商集聚区；依托电商资源与物流渠道，打造进出口货物分拨集散中心的同时借助自有全球跨境电商公共服务平台，着重孵化具有国际竞争力的跨境电商企业，聚集资源整合发展，积极实现优势创意生态产业链聚集群。

由于地理位置、交通、产业基础、政府政策等因素的差异，陕西跨境电商相比于东部地区发展缓慢，电商园区、跨境电商园区数量总体相对较少，在全国排位居于中间位置。由于园区定位不明确、资金有限，各园区存在平台重复建设的问题，虽然园区政策优惠幅度较大，但由于园区招商优惠政策缺乏可操作性，加之大型龙头企业引进得较少、园区缺乏对园内企业资源进行整合创新的能力，导致园区入驻率较低，抑制产业集聚。

郑州凭借跨境电商综合试验区创新吸引跨境电商巨头入驻、实现即时秒通关、提升消费者购物体验、整合资源形成“三平台七体系”的配套服务模式；杭州跨境电商综合试验区凭借“两平台六体系”打造 13 个线下跨境电商园区错位发展，形成跨境电商集聚区，带动新兴产业集群迅速发展；广东跨境电商综合试验区数量居全国第一，通过打造“林贰林”和“进口易”，助推跨境电商产业从产品展示平台向提供综合服务转变，从单一发展到开始产业链整合，进行全方位转型升级，政府出台政策培育跨境电商龙头企业、全省域建设跨境电商综合试验区、开展“产业集群＋跨境电商”试点、发展跨境电商云端贸易等，使广东省跨境电商相关企业数量排名全国第一，跨境电商交易额连续 8 年占据全国第一；成都地处西南内陆，依托政府政策快速集聚跨境电商市场主体，按照“跨境电子商务平台＋外贸综合服务＋国际物流港”机制规划跨境电商园区、组建成都市跨境电子商务协会、建立常态传播机制、成立全球跨境电商服务资源中心、搭建跨境贸易电子商务公共服务平台与跨境电商出口信用保险统保服务平台等，2020—2022 年，跨境电商交易额每年增长幅度超过 100%。

本章借鉴以上城市的经验，从“人才＋园区＋服务外包企业”“金融机构＋园区＋跨境电商企业”“高校＋跨境电商企业＋文化外贸企业”“园区＋园区企业开放共享资源”4个方面提出陕西跨境电商园区的发展模式；从挖掘跨境电商消费主体、优化营商环境、明确园区发展定位、信息共享和提升通关效率、引进与培养跨境电商龙头企业、提升陕西跨境电商产业影响力等多方面提出陕西跨境电商园区发展的对策，以推动陕西跨境电商园区的发展。

8

对外开放格局下陕西跨境电商生态系统服务层：跨境物流

党的十九届五中全会通过的《中共中央关于制定国民经济和社会发展第十四个五年规划和二〇三五年远景目标的建议》中明确提出，要加快构建以国内大循环为主体、国内国际双循环相互促进的新发展格局。这是我国未来宏观经济增长策略和方向的重要转变与优化，是我国为实现经济长期有效、持续、健康发展和长治久安所做出的重要战略部署。而“双循环”的根本就是物流，尤其是以电商和现代物流为主的跨境电商的畅通，是“双循环”战略实施的基础。

8.1 跨境物流概述

8.1.1 跨境物流的含义

跨境电商是不同国家主体之间进行的线上交易，因此交易的产品需要在两个或两个以上的国家之间流通，并由目的地国的专业物流公司提供配送服务。跨境物流主要承担跨境电商业务中的国际运输、仓储、货运代理、信息传递等活动，是物流业发展到一定阶段的产物。

8.1.2 跨境物流的方式

跨境电商客户遍布全球各地，客户的全球性及其对物流时效要求的差异性，产生了多种物流方式，主要包括国际邮政物流、国际快递、国际专线以及海外仓、中欧班列等。

1. 国际邮政物流

国际邮政物流的成功运营主要归功于万国邮政联盟，其宗旨是成员国在邮政方面进行合作，消除邮政物流的障碍。该联盟成员国的邮政网络覆盖全球，物流渠道广泛，价格优势明显。主要包括中邮小包、中邮大包、E 邮宝、E 特快、E 速宝。

其中，中邮小包是服务于我国跨境进出口电商及全球物流配送市场的重要业务形式。邮政小包基于国家邮政物流体系，由国家管控的邮政部门进行国际物流运输、配送等管理工作，这种物流方式下主要通过国家之间设立的运输通道进行货物运输，客户信赖程度高。邮政小包具有价格便宜、地理覆盖面广、清关环节风险低的优势，但物流时效较低，不提供物流跟踪服务，一般适合体积小、价值低、重量轻的货物配送。据中国国家邮政局数据，在小于 2 千克的货物的物流方式选择中，邮政小包占比在 60% 以上。

E 邮宝、E 特快、E 速宝是专门服务跨境电商的业务，其中 E 邮宝的时效性较弱，但相对中邮小包较快，E 特快、E 速宝专递业务提供物流跟踪服务，同时具有价格较高、时效性较高的特点。

2. 国际快递

国际快递主要是指四大商业快递巨头——DHL、TNT、UPS、FedEx 提供的国际快递服务。以上国际快递巨头通过革新自身物流体系，具有覆盖世界各地的物流服务网络和现代化的网络平台，相比于邮政体系，国际快递在自主控制、物流时效、包裹投递准确率方面优势明显，但快递服务价格较高。DHL 在欧洲、北美物流时效优势明显，TNT 在欧洲提供“门对门”的服务，UPS 专注于美国本土的业务，FedEx 在南美、东南亚价格优势明显。

3. 国际专线

国际专线又称专线小包，是处于国际快递和国际邮政物流中间的细分市场，时效、服务价格处于国际快递和国际邮政物流中间。部分成员国之间因签有贸易协定，通过专门设置的国际运输专线来保障国际贸易运输活动，反映了在某一特殊国家或区域，巨大的集货量所带来的规模效应。它的优势在于通过大批量的集货运输，使规模经济发挥作用，降低物流成本。因为所设置的专线数量较少，所以目前能惠及的国家区域范围较小，主要有美国专线、欧洲专线、澳洲专线、俄罗斯专线、中东专线、南美专线和南非专线等。

4. 海外仓

海外仓分为头程批量入仓和销售订单履行两个环节。头程批量入仓是指在国外设立仓储设备，货物提前进行批量入仓，通过海、陆、空等运输方式进行批量配送，将指定商品提前送达目的地国家或地方的保税仓库或普通仓库。销售订单履行是指消费者在跨境电商平台下单后，订单信息会经由卖家传递到仓库，直接从仓库分拣、派送，最终由消费者签收。整个过程涵盖采购配送、库存控制和分拨配送3个操作环节。海外仓物流由于头程运输已经完成，直接从海外仓发货，因此能有效缩短物流运输时间，提升客户的购物体验。但是，海外仓的建立需要大量资金和人力资本的投入，面临库存积压、仓储费用较大、易被查封、服务范围有限等问题。

海外仓的经典例子是亚马逊提供的代发货业务（Fulfillment by Amazon，FBA），将货物通过空运或水路运输运至消费国或目的地货物仓库进行短时限仓储，在收到消费者的订单后再通过亚马逊公司或UPS、FedEx等国际商业快递公司进行分拨或物流配送。

海外仓优势明显，可以通过末端物流的商品采购物流，有效缩短物流时间，退换货物的逆向运输也较为方便；头程运输多采用海洋运输，可以有效降低物流成本。海外仓也存在劣势，由于FBA的干线物流通常通过海路进行，在途期限较长（15～30天），容易产生仓储滞销问题和资金风险。相比于邮政小包，海外仓面临较高的税务风险；海外仓的建设需要大量的仓储建设以及维修资金，加之商业担保和向银行借款的利息，导致运营成本较高。跨境物流企业面临着全球竞争，物流企业除了提质增效别无选择，而建立实体或虚拟的海外仓是全球物流行业提质增效的有效途径。企业结合海外仓的优势、劣势，可以通过网络平台，利用全球的闲置资源，建立虚拟仓库，不仅节省建设性投入资金，增加仓储系统和装备的使用率，而且减少高峰时期爆仓与低潮时期仓位闲置的风险。

5. 中欧班列

中欧班列价格和时效都介于航空和海运之间。随着我国“一带一路”沿线交通及跨境电商的开展，中欧班列运行保持着强劲上升的势头，2020 年中欧班列专用运行线路有 73 条，全年开行 1.24 万列。目前，中欧班列有重庆、郑州、成都、西安、乌鲁木齐 5 个中欧班列枢纽节点，并铺划有西、中、东 3 条通道：西部通道由我国中西部经阿拉山口（霍尔果斯）出境，中部通道由我国华北地区经二连浩特出境，东部通道由我国东南部沿海地区经满洲里（或绥芬河）出境[①]（见表 8 - 1）。

表 8 - 1　5 个集结中心既有铁路直达班列线[②]

序号	国内发（到）城市	边境口岸	境外到（发）城市	方向
1	重庆	阿拉山口（霍尔果斯）	杜伊斯堡（德国）等	双向
2		满洲里	切尔克斯克（俄罗斯）等	去程
3	郑州	阿拉山口（霍尔果斯）	汉堡（德国）等	双向
4		二连浩特	汉堡（德国）等	双向
5	成都	阿拉山口（霍尔果斯）	罗兹（波兰）	双向
6	乌鲁木齐	阿拉山口（霍尔果斯）	阿拉木图（哈萨克斯坦）等	去程
7	西安	阿拉山口（霍尔果斯）	阿拉木图（哈萨克斯坦）等	双向

① 许英明．“一带一路”战略视角下中欧班列发展路径探讨[J]．西南金融，2015(10)：70 - 73.

② 广东省现代物流研究院．广东省物流业发展报告 2016—2017[R]．广州：广东省现代物流研究院，2018.

2011—2020年，中欧班列发挥国际铁路联运独特优势，全年开行12406列，同比增长51%，首次突破"万列"大关①（见表8-2）。由最初承运大宗商品，逐渐扩大到现在的电子、生活日用商业百货、机械设备化工产品、纺织品等200多个品种，跨境电子商务商品占比迅速增加。"一带一路"倡议和前景计划的进一步实施，共建"一带一路"期间我国基础建设的完善，以及辐射区域经济网络结构的完善与健全，必将进一步促进我国和"一带一路"沿线国家在跨境电商领域的合作。

表8-2 2011—2020年中欧班列开行数量及增长速度

年份	开行数量/列次	同比增长/%	年份	开行数量/列次	同比增长/%
2011	17	—	2016	1702	109
2012	42	147	2017	3676	116
2013	80	90	2018	6363	73
2014	308	285	2019	8225	29
2015	815	165	2020	12406	51

资料来源：中国跨境电商发展报告（2021）。

8.2 陕西跨境物流发展现状

"十三五"时期，我国物流业快速发展，行业规模持续扩大，货运量、快递业务量等跃居全球前列。陕西处在中国腹地的核心区，拥有承东启西、连通大江南北的区位之便，也是全国主要的货物集散地。"十三五"以来，陕西省加快完善交通运输物流基础设施建设，改善产业发展环境，推动"一带一路"全球交通运输商务物流中枢和"三网三港"核心交通网络建设，物流市场规模快速扩大、物流业发展质量有效提升，对陕西省经济和社会发展的支撑保障作用显著增强。

① 孙宏岭，刘雨平．中国跨境电商发展报告：2030—2035年跨境电商与国际物流融合发展推进构建"双循环"新发展格局［M］．北京：社会科学文献出版社，2021：305-321.

8.2.1 产业规模持续扩大

近年来，陕西省社会物流总额持续扩大，除2020年外，年均增长10.3%，达到5.5万亿元。2015—2019年，陕西社会物流总额持续上升，2016—2019年其同比增速高于全国社会物流总额同比增速（见表8-3）。2021年，陕西省邮政业务总收入为168.51亿元，同比增长18.7%；快递业务量为11.18亿件，同比增长21.9%，反映出陕西物流发展态势良好，物流运行效率持续改善。

表8-3 2015—2019年陕西省物流业总量、效率与全国对比表①

年份	陕西社会物流总额/亿元	同比增速/%	全国社会物流总额/万亿元	同比增速/%
2015	37078.1	3.6	219.2	5.8
2016	40626.6	9.6	229.7	6.1
2017	46749.4	15.1	252.8	6.7
2018	50718.6	8.5	283.1	6.4
2019	54906.3	8.3	298.0	5.9

资料来源：根据国家统计局、陕西省统计局发布数据整理。

8.2.2 互联互通能力逐步提升

交通基础设施支撑物流发展能力显著提升，陕西省高速公路通车总里程达到6171公里，实现“县县通高速”②，2020年全省累计完成公路货运量11.6亿吨；铁路营业里程达到6030公里，“米”字形高铁骨架网加快完善。中铁西安局集团公司货运量从2016年的1.22亿吨提高到2020年的2.22亿吨，年均增长12.8%。中欧班列“长安号”常态化运行干线通道15条，2020年“长安号”开通了3720列，约占全国市场总量的20%，覆盖亚欧大陆全境，重载率、货运量、实际开行量3项指标均是全国第一。全省航空货邮吞吐量增长69%，西

① 董龙飞．“十四五”时期陕西物流业高质量发展策略研究[J]．商展经济，2022(7)：92-94.

② 王晓芸．刍议西部大开发与陕西文化旅游产业创新发展[J]．新西部，2019(12)：53-56.

安咸阳国际机场全货运航线由5条增至33条，货运量从全国机场第十三位跃入前十位。快递业务量位列西部第二，快递业务收入增速是地区生产总值增速的4.1倍，为陕西深化改革、扩大开放提供了坚实的物流保障。

8.2.3 平台载体功能日趋完善

目前，西安市已被国家认定为国际化的综合交通枢纽中心城市、国际航空物流集散地、全球性的国际邮政速递集散地，延安获批陆港型国家物流中心，宝鸡已入选全国骨干冷链物流基地。西咸新区空港获批建设临空经济示范区，西安陆港列入中欧班列集结中心示范工程和多式联运全国示范工程。西安阎良航空基地、宝鸡、陕西西咸空港、陕西杨凌4个综合保税区先后获批建设，全省综合保税区增至7个，开放发展平台密集。随着西安咸阳国际机场三期、西安市新筑铁路货运交易中心、榆林市象道国际物流园等物流领域的重点项目顺利实施，陕西已全面建立陆港和空运互相贯通的现代化物流配送系统。

8.2.4 物流市场主体快速成长

目前，陕西省在交通运输、仓储和邮政领域从事物流仓储业务的法人单位共计1.34万个，年营业收入过1000万元的企业近800家。京东、顺丰等国内物流龙头企业相继落户西安。创建国家A级物流企业共228家，其中3A级物流企业150家、4A级物流企业51家、5A级物流企业16家（见表8-4）。中外运、中远海运、京东集团、菜鸟网络等大型物流企业与陕西深化合作；顺丰速递、传化智联等在陕西设立区域总部；省物流集团增资重组，延长石油、陕煤化工、西部机场集团等大型国企设立专业物流公司；和硕、货达、陆运帮等网络货运平台企业快速发展。

表 8-4　2022 年陕西 A 级物流企业统计表

级别	全国/家	陕西/家	陕西占全国比重/%
5A 级	400	16	4
4A 级	2585	51	1.97
3A 级	3093	150	4.85
2A 级	670	9	1.34
1A 级	46	2	4.35
合计	6794	228	3.36

资料来源：根据中国物流与采购联合会发布数据整理。

8.2.5　打造中欧班列（西安）集结中心

2020 年 7 月 6 日，国家发展改革委发布消息称，将下达中央预算内投资 2 亿元，支持成都、郑州、重庆、西安、乌鲁木齐 5 个中欧班列枢纽节点城市开展中欧班列集结中心示范工程建设①。西安位于我国中西部，东面、南面是我国最核心的经济腹地，东部是华北平原，往东南方经由江汉平原连接华中和华东，南部是四川区域。再往西，经由狭隘的河西通道连接新疆和中亚，并通往欧洲。无论是郑新欧、汉新欧，还是在兰渝铁路通车之前的渝新欧，都需要先经由安康北上抵达西安后，再沿陇海线一路往西。这也是西安市人民政府着力建设中欧班列（西安）集结中心的地缘优势所在。

2013 年以来，中欧班列“长安号”陆续开通了至哈萨克斯坦、比利时、德国、波兰等 14 个国家 45 个城市的班列，开行线路达 15 条，实现欧亚大陆全覆盖②；向东同青岛、宁波、连云港等国家沿海地区港口城市对接，无缝衔接世界的海运网络；向南开通西安—加德满都、伊斯兰堡南亚班列，西安口岸面对中亚、南亚、西亚的国际贸易货物大通道已全部打通。2020 年被国家发展改革委纳入重点集结中

① 公欣．中欧班列（西安）高频稳定开行　助力陕西打造内陆改革开放新高地[N]．中国经济导报，2020-12-27(3)．

② 单英骥，李群刚，王园．构建中欧班列集结中心　高质量建设内陆改革开放高地[J]．中国商论，2021(9)：8-11．

心建设的5个大中型都市——郑州、成都、北京、西安、乌鲁木齐中西安班列开行量、重箱率、货运量等核心指标位于全国前列。西安已初步建立了承东启西、连接南北、沟通欧亚的重要商业运输大通道和全网物流配送系统。

8.2.6 物流园区建设成效明显

2010年陕西省出台《陕西省物流业调整和振兴规划》，提出要加大西安、宝鸡、咸阳、榆林和汉中五大物流园区的建设力度。随后，陕西省人民政府办公厅印发《落实陕西省物流业调整和振兴规划实施方案部门工作分工》。自此拉开了西安国际港务区、西咸空港保税物流园区、宝鸡陈仓物流园区、中国潼关物流园区等重点物流园区的建设①。各园区功能齐全，定位较为明确（见表8－5）。例如，定位为西部大型现代商贸物流产业集聚地和城市综合新区的西安国际港务区、以综合保税区为核心发展空港物流的西咸空港保税物流园区、以重工业生产资料物流配送为主的宝鸡陈仓物流园区。

表8－5 陕西物流园区概况②

分类	西安国际港务区	西咸空港保税物流园区	宝鸡陈仓物流园区	中国潼关物流园区	西安亚欧物流中心	安康综合物流园
地理位置	西安市灞桥区	咸阳市泾渭新区	宝鸡市陈仓区	渭南市潼关县	西安市莲湖区	安康市高新区
园区规划审批级别	国务院	国务院	宝鸡市	陕西省	西安市	安康市
园区管理单位	政府成立园区管委会	企业自主	政府成立园区管委会	政府成立园区管委会	委托第三方	企业自营
资金来源	国家投资	国家投资	国家投资	自筹资金	自筹资金	自筹资金

①② 李南南，赵斌．陕西物流园区建设与发展问题研究［J］．物流工程与管理，2016（3）：44－46.

续表

分类	西安国际港务区	西咸空港保税物流园区	宝鸡陈仓物流园区	中国潼关物流园区	西安亚欧物流中心	安康综合物流园
功能区	集装箱作业区、综合保税区、国际贸易区、综合服务区、居住配套区、产业转移承接区、城乡统筹建设区	综合保税区(南部),非保税功能区（北部）	物流功能区、配套服务区、物流商贸区、保税物流区、公铁联运区	商品展示交易区、公路货运服务区、仓储配送区、第三方物流区、流通加工区、生产配套区、生活配套区、总部经济区	仓库、业务受理、签发运单、代办市内通行手续、货运包装、理货、货运信息联网、车辆维修、住宿、餐饮区等	市场交易区、多层和单层厂房区、新型工业社区

2019 年陕西省人民政府发布《大力发展“三个经济”若干政策》，规定对西安国际港务区、西咸新区、宝鸡、榆林、安康新建的 1 万平方米以上标准化物流仓库，按不高于建设投资额（不含征地费用）给予不超过 300 万元的补助①。2020 年陕西省新增 13 个省级示范物流园区，其中西安、宝鸡、咸阳、延安、汉中、商洛、韩城、西咸新区的数量分别为 3 个、2 个、1 个、1 个、1 个、1 个、1 个、3 个。2021 年 10 月陕西省商务厅等十部门印发《促进商贸物流高质量发展若干措施》的通知，明确着力推进冷链物流运输发展、推进港口通关减费提效、建设国际贸易运输大通道等。借助西安国际港务区，继续开辟国际铁路运输渠道，并支持中欧班列“长安号”的双向开行；加强西安陆港与沿海港口、沿边口岸的合作，进一步推动陕西跨境物流园区的发展。

西安国际港务区自 2008 年组建以来，先后获得了“国家级现代

① 中评网．陕西：引进国际品牌展会项目最高奖励 5 千万[EB/OL]. (2020-01-24) [2022-05-26]. http://www.crntt.com/crn-webapp/doc/docDetailCreate.jsp?coluid=176&kindid=11725&docid=105317644.

服务业创新基地”“国家跨境贸易电子商务服务试点核心区”“国家电子商务示范基地”等15个国家级称号，基本构建了临港工业、电商、新金融服务、现代商业物流配送、文体卫生五大主导产业体系，着力推进建设“‘一带一路’沿线上最大的内陆型国际运输交通枢纽港、商业物流服务聚集地和大西安东部都市新中枢”。目前，西安国际港务区三大核心物流支撑平台已初步建成，分别是西安综合保税区、西安铁路集装箱中心站和西安公路港。三大平台的投入使用使得西安市具有内陆地区开展口岸运输的资源优势，打破传统意义上仅对沿海进行通关、建立口岸的限制，推动港务区国际物流通道的建立，一方面与沿海实现无缝衔接，另一方面开创陆路国际贸易新格局。另外，“长安号”的运行和“西安港”的建立，进一步推动了港务区物流的发展，形成设施完善、运输方式多样、管理理念先进、经营模式领先的国际陆港和现代的物流园区。

8.2.7 建设海外仓

近年来，我国海外仓随着跨境电子商务的发展而不断壮大。根据易仓科技2018年发布的报告显示，333个国家、158家海外仓企业有353个仓库。其中，美国、英国、德国、日本、澳大利亚、俄罗斯、西班牙以及波兰新兴市场的海外仓数量分别为132个、40个、37个、21个、20个、11个、5个、76个。目前，我国海外仓的数量已经超过1900个，总面积超过了1350万平方米，业务范围辐射全球，其中北美、欧洲、亚洲等地区海外仓数量占比将近90%。我国跨境电商企业在美国、英国和德国这3个国家分布着大部分的海外仓，其中美国仓库的数量在自建仓卖家的所有仓库数量中占比达到45%，对比之下，非洲、南美等地的海外仓较少。

陕西积极出台政策，推动陕西海外仓的发展。2021年发布的《陕西省人民政府办公厅关于加快发展外贸新业态新模式的实施意见》中明确了目标：2025年建成投用10个海外仓。目前西安小骆驼、爱菊集团、丝路城等企业已建成海外仓。“丝路城”位于哈萨克斯坦的海外仓，入库的跨境电商商品达十三大类，包括电子产品、厨房用品、小家电、母婴用品等，商品种类达5000余种，累计货值近1亿元人民币，日均订单处理量为1000余单，已累计为近百家跨境电商企业提供海外仓储、物流投递服务①。

8.3 陕西跨境物流存在的问题

8.3.1 基础设施建设存在的问题

1. 运输难度较大，物流成本增加

物流一直是制约陕西跨境电商发展的重要因素，当前各大跨境电商平台竞争激烈，平台种类多元化。由于跨境物流全链路环节多、流程复杂，而跨境电商物流需求又具有碎片化、高频化等特点，跨境物流成本在跨境电商总体成本中占比较高。在近两年全球新冠疫情反复的背景下，受各国防疫政策、时效差异的影响，跨境运输缺箱少柜的问题严重，海运、空运等跨境物流成本日益攀升，进一步增加了企业跨境物流成本。陕西的水果产业是发展跨境电商的比较优势产业，但是冷链物流的运输成本居高不下，长途运输中水果的质量、重量易发生变化，严重制约了陕西水果跨境电商的发展。根据企业反映，目前跨境电商物流费用占综合成本的20%～30%，极大地降低了跨境电商企业业务扩张的预期。

全球的经济运行仍然呈下降态势，地方保护主义、单边主义势力抬头，在此环境下国际贸易发展受多方因素制约，跨境物流行业也受到冲击，法律及文化差异的存在对物流仓储和运输造成了极大的不确定性，跨境物流企业运营成本进一步增加。

---

① 詹乐游．西安本土企业“海外仓”成果显著[EB/OL]．(2022-08-31)[2022-08-31]．http://sn.news.cn/2022-08/31/c_1128963544.htm.

2. 物流交通运输网密度较小，投资不足

陕西现有物流基础设施主要集中在关中区域，陕南和陕北区域物流基础设施相对薄弱。路网密度处于较低水平，且口岸物流投资不足。2019 年陕西省铁路密度为 0.0243（公里/平方公里），公路密度为 0.8607（公里/平方公里），同期上海、广东的铁路密度分别为 0.0735（公里/平方公里）、0.0252（公里/平方公里），公路密度分别为 2.0672（公里/平方公里）、1.2115（公里/平方公里），陕西物流基础设施密度相比之下处于较小状态。而 2018 年陕西省对交通运输、仓储和邮政业的固定资产投资为 2131.38 亿元，广东、浙江的固定资产投资分别为 3665.61 亿元、3614.42 亿元[①]。

设施的建立是保障陕西口岸物流体系顺利运行的重要基石，是陕西对外贸易进一步增强的重要途径。对比广东、浙江物流设施的固定资产投资，陕西对物流设施的投入力度较小，物流交通网密度较小，致使跨境物流不能实现高效运行。通过推动多式联运开发，建立口岸物流综合运输系统，改善口岸交通运输条件是陕西省的重点工作。但目前陕西铁路与公路作为物流周转的主体，在物流设施投入不够的现实下，会持续抑制陕西跨境电商的发展。

3. 物流枢纽节点规划不合理

陕西物流基础规范化建设的起步相对较晚，在建设枢纽节点时存在规划不合理的问题，高速公路、铁路、航空运输等各种交通运输方式间缺少合理的连接，货运枢纽和节点布局散乱，不同基础建设规范化水平程度低下，多种运输方式联合发展速度较慢，导致枢纽节点应发挥的作用不明显，公路、铁运、航运、水运等不同运输方式之间缺乏及时的应变和调动能力。先进、现代化的仓储设施和管理水平有待提升，仓储规范化管理体系建设落后，现代化仓库、多式联运转运设

① 李兆磊，卫丹，许柯．陕西自由贸易试验区口岸物流现状问题及对策分析[J]．物流工程与管理，2020(10)：5－7.

施设备欠缺，技术、工艺、设备的先进程度偏低，信息“孤岛”问题尚未得到有效化解。

8.3.2 物流效率存在的问题

1. 各国通关政策差异

陕西跨境物流的痛点之一就是报关、通关，因为各国海关政策、通关要求存在一定的差异，无形中会降低通关效率，导致物流成本增加。例如，自2020年新冠疫情暴发以来，各国对进关货物的检疫要求更加严格，因为政策本身存在差异，所以信息不对称的情况普遍存在，导致货物运输需要临时停靠在货仓，对于物流企业来说，这不仅意味着更高的运输成本，还意味着更长的运输时间，不仅不利于企业提高消费者满意度，还会在一定程度上降低用户忠诚度。

2. 跨境物流政策支持不足

跨境物流的发展和政策的出台息息相关，陕西在跨境物流政策方面支持不足。以陕西自由贸易试验区为例，在2016年全国第三批开放的自由贸易试验区中，陕西颁布的促进跨境物流发展的政策数量较少，各省（市）颁布的口岸类物流相关政策占比处于0.43～0.58，陕西省的相关政策占比为0.41，排名仅比广东、福建稍高[①]。广东、福建由于得天独厚的地理位置，口岸条件良好，所以，口岸物流相关政策的占比较低，但其有明确的促进口岸优化的措施。陕西自由贸易试验区未明确颁布促进口岸物流优化、便利化的相关政策，政府对自由贸易试验区口岸物流建设的政策支持不足，继而引起基础设施建设不足、外商投资力度不强、相关配套服务不全等问题，致使陕西自由贸易试验区跨境电商发展较为缓慢。

3. 国际物流渠道缺失以及协调性较差

由于各国的物流基础设施质量参差不齐，国际物流渠道没有系统

---

① 李兆磊，卫丹，许柯．陕西自由贸易试验区口岸物流现状问题及对策分析［J］．物流工程与管理，2020（10）：5－7.

性规划，导致国际物流间的协调性较差，制约了整体跨境物流运输的效率。根据世界银行公布的物流绩效指数，RCEP成员国的物流绩效指数存在一定差距，日本物流绩效指数为4.03，比我国高出0.42，而缅甸和柬埔寨等国的指标水平相比我国较为落后，极大地降低了国际物流的效率。

4. 跨境物流体系信息化水平较低

因为跨境物流里程远，运输过程中海陆空运的运输信息不能保证被消费者实时掌握，各国的物流行业执行独立的信息系统，在通关时信息不能及时有效地传递，对货物运输的监控不能及时有效地反馈，制约了跨境物流的发展。同时，跨境物流行业存在大量的货运代理企业，但货运代理制度并不规范，导致托运人和承运人之间对运输信息的掌握存在严重的不对称，致使经营成本和风险增加。

8.3.3 中欧班列运行存在的问题

1. 货运不足、返程空车的尴尬

返程缺乏货源，导致中欧班列“有去无回”的情况凸显，这是中欧班列目前运行中的常见现象，导致中欧班列运营成本较高。返程货源不足，缘于欧洲企业对中欧班列货运方式缺乏了解，以及中欧贸易结构的不同。从宏观角度分析，在中欧进出口贸易中，由于我国和欧洲很多国家之间存在巨大的贸易顺差，因此回程货柜中经常存在空箱的现象。

2. 成本目前偏高，依赖政府补贴

目前，中欧班列之所以存在运行时间长、运行成本较高的问题，一是缘于在国内各地开通的中欧班列中，部分线路未常态化运营，而且存在各自单独对外报价的现象，再加上境外的换轨和转关成本致使境外段物流运价较高。二是中欧班列在低温季节穿过气候条件较为恶劣的俄罗斯、哈萨克斯坦等国时，需要对部分商品进行保温处理，致使运输成本增加。三是受俄乌冲突的影响，乌克兰的中欧班列全部暂停。目前中欧班列3个通道的主线都要经过俄罗斯和白俄罗斯，尤其是承载50%以上中欧班列运力的西线路，其途经俄罗斯西伯利亚铁路到达欧洲各国，西方对俄罗斯的制裁会进一步增加运输成本。目前各地政府为保证中欧班列能够常态化运营，采取财政补贴的方式进行扶持，完全的市场行为还没有形成。

3. 运行效率偏低

中欧班列的运行途经多个国家，各个国家的铁轨标准不一致，行驶中途需要换轨，致使通行效率降低。同时途经各国的清关环节差异性较大，加之地区的不稳定性致使中欧班列的运行效率进一步降低。

4. 中欧班列部分铁路段重叠，产生恶性竞争

由于缺乏总体规划，我国西部城市在中欧班列的建设上存在部分铁路段重叠的问题，线路重叠致使出现争抢货源的现象，各省（市）间争夺货源，矛盾日益激烈，易于产生资源配置扭曲现象，运力浪费、成本增加。部分内陆省（市）为了抢占中欧班列的高速铁路通行起点，在内部不计代价，由地方政府部门大幅补助运费成本抢货源；在外部概不议价，任由沿途各国企业提高运费，差价都是由当地政府下属的公司承担。货源的分散及对外的无序竞争，导致运力资源的巨大浪费。

8.3.4　国际港务区建设存在的问题

1. 先天劣势制约其发展

西安国际港务区位于中国西北内陆地区，距离海港较远，存在先天不足，尽管目前通过陆海联运方式已完成了衔接，但便利化程度与沿海相比差距较大。“西安—青岛港”的国际货物班列，以青岛港为中转港进而形成了西安至世界其他国家和地区的国际多式联运线路，在时效上货物由西安到青岛港约需42小时，尽管目前中国内陆地区的运输效率明显提高，但仅国内转运时限就接近48小时，这种先天的劣势制约着国际港务区的物流时效。

2. 临港产业园作用不明显

国内发展前景较好的港口，均以临港工业园区为基础。工业园区建设项目与国际口岸工业园区之间的关系主要有两类：一类是先有投资项目后设区，一般这类园区发展态势较好，如重庆西永综合保税区依托西永微电子工业综合园区而生，进出口总值一直保持在230亿美元以上；另一类是先设区后引入投资项目，西安国际港务区属于此类，先设立陆港投资建设项目再实施招商，所以在建设初期其投资效益并不好，西安国际港务区本应充分发挥陆港的国际物流优势，依托临港产业园为陆港提供充足的货物资源，但是由于入驻临港产业园的大产出大运量的企业数量较少，西安华南城运营之后其更多兼具开发区和商贸区的功能，导致临港产业园作用不明显。

3. 相关政策法规仍需完善

根据世界银行物流业景气指标的解释，凡是涉及通关质量、基础设施管理和配送服务的影响均可归于政策法规方面。国际陆港在中国尚没有建立有效的立法和运行管理体系，在实践中也未能建立合理的评估体系，不利于对其物流发展进行监测、控制和改进。西安国际港务园区运营模式属于中央政府领导下的开发区建设管理模式，作为中国现代陆港工程的先驱，国际“旱港口”的建成在较大程度上取决于地方政府的政策法规，但在其建立与发展的过程中并无成熟的个案可借鉴，理论与实际方面均没有现成的模型可照搬，只有在探索中进行建设和经验总结。另外，在完善通关业务流程和完善设施等方面，也需对有关政策做出合理指导和规范，特别是在发展多式的联合物流服务和通关设备及手续等方面，必须加大政策引导与支持力度。

4. 面临的竞争加剧

陆港建设数量的增加加剧了港务区之间的竞争。继西安国际港务区建设后，国内很多内陆城市如郑州、昆明、邯郸、乌鲁木齐等也基于地理位置的因素开始建设国际陆港区。据统计，我国当前已有上百个陆港区，主要可以分为两类：一类是虽然不沿海但是距离海港较近的陆港，这类陆港主要通过与海港合作建成，因此此类陆港主要通过依附于某个大型海港而存在，如通化陆港和丹东港的合作，该类陆港当前数量较多；另一类是距离海港较远的内陆地区为促进当地经济发展而建设的陆港，多为大型国际陆港，如西安港、昆明港。其他城市各类陆港相比西安优势明显，其建设加剧了西安国际港务区的竞争压力，如昆明、郑州、邯郸等地和西安相比距离海港更近，而乌鲁木齐相对离欧亚地区更近，因此西安国际港务区在陆海联运和陆上贸易方面受到了来自国内其他地区的竞争。

此外，重庆、成都、武汉、郑州发车的“渝新欧”“蓉新欧”“汉新欧”“郑新欧”经由西安开到欧洲，重庆、成都、武汉、郑州的地区生产总值都高于西安，给西安开出的“长安号”国际货运班列带来一定的威胁。上述城市都是“丝绸之路经济带”沿线城市，西安仅凭历史渊源将难以与其他地区抗衡，需进一步加强现代物流建设。

8.3.5 海外仓存在的问题

1. 陕西海外仓建设数量较少

陕西海外仓建设数量较其他省份少。2021 年广东省人民政府办公厅印发《关于推进跨境电商高质量发展的若干政策措施》的通知中明确规定，对建立海外仓的公司，给予每年最高 100 万元的资金扶持。到 2025 年，建设 500 个海外仓，建仓总面积超过 400 万平方米，并逐步形成专业性、智能化的国外仓网。陕西省 2021 年发布的《陕西省人民政府办公厅关于加快发展外贸新业态新模式的实施意见》显示，2025 年将建成投用 10 个海外仓。

宁波市商务局统计显示，目前宁波有 60 余家企业在全球布局了 203 个海外仓，累计面积超过 200 万平方米，数量和面积分别占全国的 1/9 和 1/6。而目前西安仅小骆驼、爱菊集团、丝路城等个别企业完成了海外仓的建设。

2. 海外仓商品因积压而滞销严重

为了降低物流成本，缩短配送时间，提升服务质量，跨境卖家根据市场预估，会提前将商品储存在海外仓。但这样做会导致海外仓的商品积压，跨境卖家的资金被占用，库存成本上升。2017 年 5 月，联域国际发布的数据显示，有 30% 的中国跨境电商企业面临货物滞销的风险。滞销的库存商品低价抛售或就地销毁，无法弥补运输和储存费用，对企业造成较为严重的损失。

3. 海外仓的本土化建设与发展缓慢

海外仓的本土化建设与发展是提高跨境电子商务企业市场竞争力的重要因素。在海外仓的建设过程中，运营理念、语言交流、风俗习惯等因素都将对海外仓的发展产生影响。2017 年的海外仓调研报告总结并提出了海外仓在建设过程中，跨境卖家产生的新的诉求。本土产品工艺设计占比为 28.42%，本土包装设计所占比重为 37.7%，本土需求调研占比高达 79.23%。跨境卖家需要彻底了解当地的情况，尽早提供本土化的服务。

4. 海外仓的劳动力成本及运营费用高昂

目前，海外仓在发展过程中，人才匮乏的现象十分严重。究其原因，主要是海外仓对人员的综合素质要求比较高，而现有的高综合素质的专业人员数量不足，雇用当地的劳动力必然导致劳动力成本骤然攀升。此外，无论是自建式海外仓还是第三方海外仓，都要求企业具有雄厚的资金实力，能够负担建设海外仓的各项费用和支付租赁海外仓的租金。安排海外仓的仓储计划，实施物流服务等内容都将给海外仓的运营带来高昂的费用支出。

5. 海外仓的售后服务环节欠缺

由于跨境电商买卖双方之间信息不对称，导致存在退换货难、假货横行等问题，跨境买家很难保障自身的权益，而海外仓在处理退换货方面不够成熟和灵活，往往难以与跨境买家达成一致，最终演变成企业和消费者之间的纷争。同时，跨境电子商务平台缺乏成熟的规章管理制度，部分跨境电商企业销售假冒伪劣商品，而跨境买家维权和退换货的处理机制都需要海外仓的介入，一定程度上阻碍了海外仓的发展。

6. 海外仓涉及的法律制度不够完善

尽管我国已经开始出台相关的法律法规鼓励和扶持跨境电子商务的发展，但仍未形成成熟的法律体系，许多方面还存有漏洞，不能严格规范跨境电子商务市场和跨境卖家的行为。完善和发展成熟的跨境电子商务法律体系，有利于营造跨境电子商务良好的发展环境，也有助于海外仓的建设和发展。

8.3.6 跨境物流专业人才缺乏

目前我国跨国物流的发展资金大多来自地方政府的支持，但基于国家长期发展的战略视角，产业本身的核心驱动力必不可少，而专业技能人才培养也将成为关键因素。西安高校数量较多，但培养跨国物流相关人才的专业相对较少，尤其是航空运输、冷链物流、供应链管理等新型业态专业较少，导致对口专业人才很少。目前只有西安欧亚学院拥有专业的国际陆港研究院，加之多数的相关人员和毕业生更乐于选择在中国沿海港口发展，西安人才匮乏问题进一步加剧。

8.4 促进陕西跨境物流发展的对策

8.4.1 完善跨境物流基础设施建设

1. 充分发挥政府职能

首先，陕西因地制宜地进行跨境物流政策和制度体系的探索，结合当地的地理位置和发展战略与周边城市进行物流基础设施的整合及定位协调。从战略布局层面出发设计我国周边国家的物流航道，达成共商共建物流通道，积极与周边国家进行涉外沟通，保证运输通道畅通无阻。

其次，陕西省政府亟待出台加强港口物流设施投资的措施，健全物流设施网络，提升陕西省港口的服务效率和服务质量。由有关专业技术人员开展现场调查，总结堵点、难点、痛点等关键性问题，提出合理的规划设计。此外，政府还应进一步增加财政拨款以推动跨境物流体系的优化与革新进程，引导社会资本注入跨境物流行业，在增加财政资金的同时还可以出台有关政策法规，尽可能为跨境物流营造一个良好的环境。对于小微跨境物流企业来说，可以给予减税政策以及一定的补贴政策，帮助小微企业缓解资金压力，最终通过广大小微企业激发市场活力。

最后，政府要出台系统化的促进陕西口岸物流发展的计划，以指引口岸物流的发展方向，激活口岸物流的生命力。基于国内外“双循环”的发展战略，地方政府的整体规划对陕西口岸的发展尤为重要。原来的口岸发展计划已无法满足实际发展的需求，而陕西的经济发展与社会条件的迅速改变需要更完善的全盘计划。参考我国国内已发展较为完善的港口取得的建设经验，根据陕西港口的特殊优势，因地制宜提出新形势下陕西港口的运输发展计划。通过运输便利化扩大陕西辐射区域，利用四通八达的综合交通枢纽，有效促进陕西省跨境运输业的发展。同时认真落实政府颁布的相关政策，并将其具体化，协调各方主体的责任，避免建设责任不清楚、政府政策落实不到位的现象发生。

2. 形成以“公＋铁＋航”为核心的新型运输系统

对于陕西来说，面对品类繁杂的商品，各种物流方式无缝衔接能使商品高速运转，是减少运输成本、提高运输效能和通关便利、推动对外贸易发展的基础。综合物流体系的建立是陕西跨境物流发展的重要基础，陕西的地理环境决定了其需要进一步发展铁路、公路和航空网，所以，政府在建设中要合理分配国家投资资源并促进不同物流运输方式均衡发展，以推动综合物流体系的建立。

第一，加大跨境物流投资力度。在增加铁路、公路、航空线路投资力度的同时，要积极增加对国际标准的集装箱、托盘、自动化的物流设施设备的投资，做好与物流基础设施项目的衔接和配合，做好对园区内物流系统和物流配送服务中心的改造与建设。

第二，运用大数据分析等信息技术手段提升物流配送信息化管理水平，积极促进物流配送公共信息网络平台的建设。物流信息管理最主要的功能是信息沟通联系，信息传播通畅能大幅促进商品的对接、承载与流动，而物流信息管理平台则是信息沟通联系商品的重要桥梁。物流公共信息网络平台的建设投资是推进建设综合运输系统的重大措施之一，是提升通关效率的重要环节，能及时、准确地反映国家政策变化、企业信息公开、买卖双方真实信息及个人征信情况和货物运输状态。大数据技术是推动物流行业由传统物流模式转向智慧物流的动力源泉，通过大数据技术可实现物流体系智能化，构建数字化的物流价值链。利用现代物流的公共信息平台，将真实物流园区和虚拟物流园区信息相融合，并运用现代计算机技术，高效集成不同行业、不同区域、不同企业内部的物流数据和信息。在虚拟物流技术的支持下，物流系统可以进行资金和数据的资源共享，减少物流系统的总体投资成本。

第三，提升国际物流的政策协调性，增加跨境物流渠道。陕西当前仍需要加快航线研究与设计，不仅要加快陕西与进口国之间跨国公路、铁路、机场和航线的设计，还需加强陕西与其他省份的交通网络之间的连通，实现内外对接水平的整体提升，将每个物流节点连接成网络进行直观的调动分析。实现各口岸与通道的互联互通，将物流基础设施连接成网络，既可以将资源进行统一分配管理，也可以避免因重复建设而产生浪费，是推动建设资源合理分配及高效使用现代物流体系的重要举措。

第四，建立应急物流体系，协调各国通关政策。当有自然灾害或者重大突发事件等紧急情况出现时，应该尽力保证跨国物流交通运输的稳定运行，面对突发情况能快速采取有效措施应对。应急物流体系需要对突发情况进行预设，对此应设定情况分级以及相应的救急策略，这就要求物流基础设施具有一定的共用性和通用性，在物流管理上采取灵活的资源获取和配置措施，便于各国之间快速通关。

8.4.2 推进中欧班列“长安号”发展的措施

1. 加强合作与交流

广泛地同欧洲其他城市协作，积极构筑“+西欧”的集结框架，并促进中欧班列（西安）的集结中心织线成网。同时强化与共建“一带一路”国家的国际交流协作，进一步发掘这些国家城市的交通优势，依托陆港型国家物流枢纽建设，积极构建以西安为中枢的对内对外“双循环”亚欧陆海新通道。

2. 构建全网物流体系

继续加强现代物流服务平台建设，充分发挥城市协同功能，不断完善枢纽功能。构建好全网的物流系统，加强西安与各内陆城市、西安港务区与沿海港口、沿边港口及各大公司之间的协作，更有效地发挥产业基础和地方政府的联动功能，进一步凝聚和贯彻好以高质量打造全球物流大门户的战略共识，带头在国内进行高标准、市场化开发，切实打造好国际对外开放大门户。

3. 建设现代化产业体系

主动融入“一带一路”建设、西部大开发和中西部陆海新交通通道构建等国家发展规划，以加快对外开放和高质量发展为契机，以“道路+枢纽+网络+企业”先进产业体系建设和“新节点、新渠道、新环境、新模式、新产业”的高品质产品开发为主要途径，支持和推动西安构建全球级的内陆国际物流运输重要门户枢纽城市。

4. 做强做大“一带一路”国际多式联运网

充分发挥西安国际港务区已建立的铁路、公路、航空等多种物流优势，积极织密干线、支线运输网络，努力做强做大“一带一路”沿途国家国际多式联运业务。充分利用好建设中欧班列（西安）国际集结中心的契机，发展现代商贸流通业，进一步强化服务贸易建设，扩大贸易集聚与区域发展，积极建设国际化的商贸物流配送中心，把西安建设成我国中西部区域发展的经济增长新引擎。依托西安先进的制造业，以综合物流低成本、全国重要地理枢纽高效率畅通的优势，进一步加速与世界产业链的融合。

8.4.3 陕西促进跨境物流园区——国际港务区发展的措施

1. 以制度建设完善港务区物流发展机制

目前，我国陆港发展还处于创新与发展时期，现代物流在中国开展得还不够完善，所以在港务区建设和陆港物流发展方面往往仅借用海港管理和传统的方法，并面临很多的体制缺陷和发展滞后性。西安国际港务区一方面要推动政府健全陆港物流的有关法规；另一方面要以现行政策和法规为基础，积极展开陆港物流体制探索并且先试先行。

第一，健全法规管理体系并强化政策保障力度。西安国际港务区物流发展是一个系统的、复杂的、长远的工程，需要与海关、交管部门、检验检疫局、国际港务区管委会等政府有关部门合作共建。而健全的法规管理体系将推动国际港务区物流良性发展，为国际港务区物流发展提供政策与法律上的保障。正如世界银行所强调的，物流供应链是许多复杂协调活动的结果，其总体绩效有赖于一系列政府部门的干预举措，包括基础设施、运输服务供给以及跨境交易便利性等。由此可见，政策法规在国际港务区物流建立与发展过程中，具有巨大的引导、推动与规范作用。

第二，建立适用于陆港物流的政策法规。目前，国家和陕西都在积极推行现代物流业的发展，将西安国际港务区作为陕西省物流业龙头发展项目，并将其视作内陆开放战略高地。西安国际港务区要充分利用国家战略机遇和地区战略机遇，在宏观方面配合国家有关主管部门对陆港进行物流战略布局、产业规划和建设运营等方面的顶层设计；在微观方面开展陆港物流组织管理、制定相关标准等。西安国际港务区要向先进海港靠拢，认真学习和参考沿海港口的物流政策、规则、做法等，根据陆港物流自身特点以及在物流建设进程中出现的特殊情况，建立一套适合开展陆港物流的专门政策法规。

第三，加大政策倾斜和财政资助的力度。地方各级人民政府要逐步对西安国际港务区物流发展加大政策措施上的倾斜和财政上的扶持力度。首先，政府要逐步扶持物流配送基础配套的发展，特别是在物流信息化建设领域，一方面要拓展编码信息技术、RFID 信息技术、GPS 信息技术、感知网等信息技术，以及 EDI 报关管理系统等的应用范畴；另一方面要逐步健全物流配送公共信息网络平台，以促进物流配送各部门和各个环节的信息畅通，并能有效实现大数据连接与互动，进行远程运营管控并提升物流运营效能。其次，政府要出台更为优惠的物流发展政策，主要涉及税费、用地、物业、投资津贴和发展奖金等方面，一是能吸纳更多中小企业入驻，二是能促进国际港务区现有企业保持发展动力。最后，政府要积极推动港务区与港口企业的战略协作，进一步推动区域间优势互补、联合发展，构建区域间物流运输大通道，发挥西安国际港务区作为国际陆港的资源优势，实现区域物流分工与战略协同。

第四，创新陆港通关程序制度。报关是陆港物流的一个重要环节，简化口岸通关手续和优化通关流程是陆港海关手续管理制度革新的重点。通关工作牵涉人员多、过程长，目前在优化港口的通关程序上一般采取“三个一”机制，即“一个申请、一个查验、一个放行”。同时，西安国际港务区应积极推进通关作业无纸化进程，尽量简化登记、打印、核对、签字、盖章等复杂流程。另外，还可通过完善先进区后清关、集中汇总纳税、自动通关等制度，进一步提高通关效率，提升物流服务效率，促进陆港通关便利化的实施。

2. 以临港产业带动港务区物流集群发展

临港产业组团是西安国际港务区六大产业组团项目之一，西安国际港务区要充分发挥陆港资源优势，兴建临港工业，从而带动物流发展。西安国际港务区在产业发展方面采取先建好基础设施，再吸引企业入驻的方式。目前，西安国际港务区正积极改善园区投资环境，形成“一手抓基础配套设施建设等硬环境，一手抓政策和投资服务等软环境”的发展思路，通过临港产业带动港务区物流发展，促进港务区物流平台的充分利用和高效运转。

第一，坚持“走出去”和“引进来”相结合。“走出去”是指国内企业借助西安国际港务区物流平台，转型升级发展成为世界一流企业，并将产业链拓展至“一带一路”的沿线各国和区域。以西安市爱菊粮油产业公司为例，其原本只是一家传统的粮油公司，在落户西安国际港务区后，采用全球先进的机械设备和工程技术，通过现代化制造方式和经营管理模式，运用全球网络营销和跨境电商平台，使物流网络和生产线覆盖海内外，并利用“长安号”将油脂加工机械设备运抵哈萨克斯坦，进而在哈萨克斯坦建立食品加工园区，积极开展全球物流协作和投融资，实施“走出去”的国际物流开发策略。

“引进来”是指通过利用外资，推动西安国际港务区的建设和产业结构的优化，并吸纳较有实力的国外物流公司进入工业园区。西安国际港务区近年来在引进外资方面一直保持着较高增速，同丹麦马士基、美国联邦快递、法国迪卡侬、日本住友商事等国外大型公司积极合作，已建立对应的国际仓储基地和物流中心。

做大做强临港产业和服务业，现阶段尤其要以大规模加工生产行业和现代物流服务业为重，而且要兼顾新能源材料和高新科技产品等重点行业，通过实施“走出去”和“引进来”相结合的策略，使西安国际港务区物流产业体系合理健康发展。西安国际港务区以后应积极采取措施进一步引进外国投资，推进重大跨国企业物流项目落地实施。

第二，“走出去”和“引进来”的企业要相互协作，形成互补。“走出去”的企业后期也要“引进来”。例如，爱菊集团就是以获得粮油原材料为引导，利用在哈萨克斯坦投资建厂来填补国内的粮油空白，同时利用“长安号”引入了哈萨克斯坦的原生态油料和无污染优质面粉产品。“引进来”的企业同样要“走出去”，通过引进外资的形式入驻其他国家，利用其先进的技术和生产方式实现扩大生产，并将产品在全球范围内进行销售。

3. 促进临港产业集群发展

第一，西安国际港务区在临港产业发展和布局方面已取得一定的成就，初步形成临港制造业、临港服务业和临港大宗物资交易储运三大模块，但是目前在陆港物流辐射区域以及资源共享等方面还存在欠缺，应逐步推动临港工业聚集区的发展，以形成区域品牌效应。现阶段，港务区要在相关政策和基础设施建设等方面支持大企业集团实行纵向一体化发展战略，并充分释放龙头企业的带动效应和集聚作用。

第二，大企业集团纵向一体化发展。大企业集团是指对产品或服务有较长的价值链环节，在国际市场竞争力较高、具备国际化的市场基础，以技术服务和供应链管理为主要特征的较大规模企业集群。港务区应根据临港产业的开发规划，积极引导符合条件的大企业积极拓展其价值链环节，从原料、商品或服务等方面延伸现有的经营服务并寻求国际合作，进行纵向一体化开发，以推动大企业集群的形成。新企业的进驻是产业集群得以发展并取得持久竞争优势的重要基石，港务区要以物流大企业为基础，不断完善其原材料生产和商品加工等辅助类企业的建设，并吸纳新型公司的进驻，积极推进临港产业建设，以促进港务区的物流集群发展。

第三，龙头企业带动整体物流发展。龙头企业是指在某一产业链上占据重要地位，在该领域内具有较高社会知名度和较强号召力，对产业发展具有较重大示范和带动意义，以及对产业成长和区域开发有巨大贡献的企业。港务区要引导和扶持发展基础较好的物流公司，通过制度创新、规模拓展和兼并整合的途径，使其发展成为物流龙头企业。以粮油领域为例，益海佳里（兴平）粮食产业公司在西安国际港务区成立分支机构，力争成为中国西北最大的集食用油、面粉、稻米、粮食生产加工和粮油交易、物流配送服务于一体的综合型粮油食品龙头企业。这不但能够充分利用西安港进境粮食指定口岸以及“长安号”国际货运班列等公共平台，同时能够促进园区物流、跨境电商、会展贸易的融合开发。利用龙头企业的号召功能，积极带动相关企业共同发展，打造港务区临港企业集聚区，推动港务区物流发展。

4. 以人才强区促进港务区物流持续发展

重视人才工作，是西安国际港务区物流健康持续发展的重要基石，也是西安国际港务区当前发展中亟待解决的重要问题。西安国际港务区所有发展环节都需要人力资源的投入，特别是高级物流人员和专门配送人员的投入。把人力资源当成第一资源、实行人力资源强区策略将推动港口生产区物流工作的有效开展。

第一，吸引外部人才。西安国际港务区可利用各种途径吸纳国内外的人才进入园区，如企业招聘、第三方顾问、名誉职位、分包与合作等，其中关键在于建立相应制度来吸引高端人员长期为国际港务区发展做出贡献，达到专人专用的目的。首先，要建立特殊人才引进制度和激励机制，同时利用网络渠道、招聘网络、猎头公司等积极推广，吸引专业高端人才的关注。其次，进一步增加港务区的教育投入和民生投入，并积极提升港务区生态环境品质，让引进的高端人才可以安心在这里长期生活和发展，减少其对孩子教育和社保等问题的后顾之忧。最后，要积极注重港务区文化建设，完善港务区愿景，充实其文化内涵，突出国际陆港与商贸物流理念，在软文化方面得到高端人才的认可，吸纳物流人才积极投入港务区的开发工作，为陆港物流和内陆地区对外开放做出贡献。

第二，培养内部人才。西安国际港务区在积极吸纳外来人员的同时，也要重视对内部人员进行培训，可通过培训、学历进修、专业技能资质认定、出国交流学习等多种方法，提高内部人员的业务能力。另外，还要形成一定的用人考核机制，对成绩优秀的人员要予以相应的奖励，进而对内部有潜质的人员加以重点培训。港务区内部人才管理是一个长远、系统的人力资源发展过程，要建立专业的人才机构负责此项事务，由管委会和相应的企业共同组织，以人力资源为基础赢得物流竞争优势。

第三，加快建设研究院和博士后工作站。由于西安高等院校较多，为西安国际港务区现代物流发展集聚了重要的智库资源。另外，国际港务区在发展过程中相继设立了研究院和博士后工作站，进一步充实了国际港务区现代物流人才发展平台。国际港务区在今后发展中要重视“产、学、研、用”合作，促进人才、企业、科研机构、大学、市场、城市规划等方面的有机融合，进一步发挥人才强区的功能。西安国际港务区 2010 年设立西部现代物流产业发展研究院，重点承担国际港务区发展策略、现代物流经营管理等方面的科学研究工作。2013 年批准设立博士后工作站，重点开展现代物流、国际港口航运管理等方面的科学研究。不过，由于目前的西部现代物流产业发展研究院只是服务港务区发展的一个内设机构，规模相对较小，无法发挥研究院应有的职能和作用。另外，博士后工作站建设进展情况也不甚理想。因此港务区要在今后的发展计划中加大对研究院和博士后工作站的建设力度，为港务区物流发展和建设搭建高端技术人才“产、学、研、用”的基本平台。

第四，与有关院校建立密切合作关系。西安国际港务区应充分利用西安高校规模大、数量多、层次高的优势，与有关院校建立密切合作关系，形成长远合作机制。将院校作为人才培养的重要平台，从根本上注重对现代物流专业的人才培养，建立多层次教育体系和在职人员培训体系，强化职业技能教育体系，开展物流领域的职业资质培训与认证工作，加强国际合作。院校还要与企业进行深层次的合作，注重“产、学、研”相结合，开设陆港建设和陆港物流专业，进一步完善现代物流专业制度，形成市场、企业、学校与培养机构相互促进的培养方式，使毕业生在校知识水平与企业实际运用密切相连，让他们既懂理论知识，又善实际运用。政府部门应当促进跨境电商产业的融合，并提出专门人才培养的保障措施，与高等院校建立专项培养计划，高校可以新设相关学科为跨境物流行业提供人才储备，通过政府提供的教学资源与资金培养学生的物流管理专业素养和数字化技术能力。同时，有关跨境物流企业可以与高校进行教学实践合作，为在校学生提供实践课程设计的机会，让企业员工通过高校在网络平台发布的专业公开课进行在职学习，提高自身专业实力。上述措施可以全面提高物流工作者的整体素质，切实促进现代物流人才培养。

8.4.4 陕西促进海外仓发展的措施

1. 跨境电商企业应采取的措施

第一，完善海外仓的信息管理系统。建设完备高效的海外仓，需要建立完善的海外仓信息管理系统。海外仓运作过程中，企业将国内的信息传递到海外仓，便于海外仓及时调整自己的运营方案和储存方案。在信息管理系统的构建中，实现信息共享是连接海外仓和国内跨境电商企业最好的解决方法。搭建海外仓联盟则是实现海外仓信息共享的手段之一。通过建立海外仓联盟，成员之间不仅可以实现资源的实时共享，还能整合利用海外仓的仓储资源、人力资源及运输资源，实现联盟成员利益的最大化。

第二，陕西企业联合推进海外仓的本土化建设与发展进程。为了加快海外仓的本土化建设与发展进程，陕西跨境电商企业应该联合起来，共同推进海外仓的本土化建设。除提供本土配送服务、实现本土退换货外，各个跨境电商企业都应该为适应当地风俗习惯和语言文化等付出努力，如通过雇佣本地员工为海外仓提供服务，并在操作页面使用本地语言，方便员工操作和便于为消费者提供更好的服务。

第三，培养专业人才并提高员工综合素质。随着海外仓的拓展与壮大，专业人才的需求量也越来越大，但掌握运营海外仓专业知识以及高综合素质人才的匮乏，导致跨境电商企业劳动力成本较高。跨境电子商务企业可以通过校企合作等方式提前培养一批高综合素质的人员，使他们在综合素质过关的基础上，学习与海外仓有关的专业知识并熟悉海外仓的操作流程。储备高素质和专业化的劳动力资源，必将为海外仓的发展提供坚实的后盾。

第四，提升海外仓售后服务的质量与水平。针对当前海外仓发展过程中存在的退换货难、假货横行等问题，陕西跨境电商企业必须予以重视。企业应该以身作则，严格规范平台的在售商品，严查假货，诚信销售。同时还应该加强对海外仓客服的培训，让他们做到以礼待人，用耐心服务每一位有售后问题的消费者，为消费者购物创造良好的体验空间。

2. 政府应采取的策略

第一，引导和鼓励海外仓相关的服务业。海外仓的发展离不开国际物流、清关、结算等服务行业的发展，中央政府、陕西政府应该从全局出发，对海外仓发展所涉及的物流、清关、结算等行业及存在问题进行梳理，有针对性地从政策层面促进以上行业的发展，为海外仓的发展提供一个良好广阔的空间。

第二，加快完善海外仓相关的法律法规。由于海外仓兴起的时间比较晚，我国目前与之相关的法律法规还不太全面。我国政府可以结合当下海外仓发展的环境，整理已有的法律法规，并进行完善。值得注意的是，海外仓建设地在海外地区，法律的制定必须要防止违反国际法规或者他国的法律法规。此外，信息安全问题要严加规范，以免泄露消费者的隐私；要加强监管，对因法律法规缺失而出现的偷税漏税、灰色结汇、信用缺失等问题加大惩处力度，为海外仓和跨境物流的发展提供一个良好的政策环境。

第三，加强监督与管理。海外仓的发展需要我国政府在其中扮演关键的监督者与管理者的角色。针对存在的商品质量问题，陕西政府应该规范跨境电商企业的行为，坚决抵制假货的销售，并对企业货品来源进行查验，严查货品的质量；在销售过程中，政府应该监控电商平台的异常行为，加大监管力度；政府不仅要保障跨境买家的正常权益，也要维护卖家的正常权益，让买卖双方在跨境交易中实现双赢。

8.5 本章小结

作为跨境电商运营中的一个重要环节，跨境物流的发展、时效会制约跨境电商的发展。随着中欧班列（西安）集结中心的打造，跨境物流园区、海外仓的建设，陕西跨境物流产业规模持续扩大、互联互通能力逐步提升、平台载体功能日趋完善、物流市场主体快速成长，但是基础设施建设、物流效率、中欧班列运行、国际港务区发展、海外仓的建设、人才培养等方面都存在问题。政府、企业、物流园区应把握跨境物流的全局发展，从局部进行改善，以点线面的形式规划海外仓的整体发展，通过加大口岸物流基础设施的投资力度，规划陕西口岸物流的发展，构建以“公 + 铁 + 航”为基础的综合交通运输体系，完善政策法规体系，促进临港产业集群发展，广泛与其他城市合作，积极构建“ + 西欧”的集结体系，推动中欧班列（西安）集结中心织线成网等措施，促进港口物流业的发展，从而实现港区协同、共同推进跨境物流的发展。

9

对外开放格局下陕西跨境电商生态系统外部层：人才培养

如第 3 章所述，外部层包括政策环境、人才培养，以及规则层面的制度。目前各省（市、区）的跨境电商政策多是在中央政策出台后结合本地产业的发展实施的，政策上的差异来自跨境电商发展程度的差异。跨境电商的相关政策已在第 3 章进行论述，这里不再重复；就规则层面的制度而言，目前全球、全国范围并未形成统一的相关规定。无论是规则层面的制度、各地因地制宜的政策的出台，还是跨境电商的运营，都需要跨境电商人才的培养，因此本章主要针对陕西跨境电商人才培养进行论述。

2018 年中国电子商务报告显示，我国跨境电商人才缺口为 450 万，并以每年 30% 的增速扩大，目前已逾 1600 万。商务部、中央网信办、国家发展改革委三部门联合发布的《“十四五”电子商务发展规划》中电子商务发展主要指标显示，未来 5 年，预计我国电商人才缺口达 985 万，跨境电商交易额缺口达 8100 亿元。每年虽有大量国际贸易、商务英语、电子商务等专业对口的应届毕业生，但企业所需的主要为以下三类人才：一是电商战略人才；二是电商合伙人；三是既懂得线上数字技术又了解线下零售实践的复合型人才。以上三类人才要求毕业生具有创新创业的能力与相应的知识储备。为了满足企业的需求，2019 年教育部增补的专业包含了跨境电子商务专业。对于高校而言，应该考虑如何与企业需求接轨，培养具有创新创业能力的跨境电商人才。

9.1 陕西高校跨境电商人才培养的现状

我们之前对陕西有跨境电商人才培养方向的学院——西安翻译学院、西安培华学院、西安欧亚学院、西安外事学院及西京学院进行了调研，发现5所学院在跨境电商人才培养所属专业、课程设置、实践实习等方面有所不同。

1. 在专业设置上，将跨境电商作为专业方向归入不同的专业，培养目标有所差异

西安翻译学院将跨境电商作为专业方向划入国际经济与贸易专业、商务英语专业、电子商务专业，3个专业对跨境电商人才培养的目标不同：国际经济与贸易专业培养的是精通国贸操作流程，熟知外贸单证的基本要求以及能够填写外贸单据，能够通过跨境电商平台完成商品进出口的跨境电商人才；商务英语专业重点培养跨境电商流程中精通各国语言的跨境电商人才；电子商务专业重点培养跨境电商流程中网页设计、网络数据分析、网络营销、网站运营、互联网创业的跨境电商人才。西安培华学院、西安欧亚学院、西安外事学院将跨境电商方向划入国际经济与贸易专业，重点培养了解国际贸易基本理论和外贸业务运营管理基础知识，熟悉国际贸易基本法律和惯例，具备国际电子商务平台操作和营销推广、商务英语沟通和业务洽谈及较强创业能力的高级商贸人才。西京学院将跨境电商作为专业方向划入电子商务专业，重点培养能在企、事业单位或其他社会组织从事电子商务管理、服务应用、技术开发等工作的具有工程背景知识的高级应用型商务人才。

2. 在课程设置上，开设的主干课程有所差异

西安翻译学院国际经济与贸易专业跨境电商方向的主干课程为西方经济学、国际贸易学、国际贸易实务、国际贸易单证实务、国际市场营销、报关实务、外贸函电等。西安培华学院跨境电商方向的主干课程为西方经济学、管理学、会计学、统计学、国际经济学、国际贸

易理论、国际贸易实务、国际商务英语、国际物流与保险、国际结算、国际金融、国际市场营销学、外贸函电、国际商务谈判、国际商法、外贸单证实务、国际服务贸易、金融市场学、国际金融实务、投资学、保险学等。西安外事学院跨境电商方向主干课程为国际贸易理论与政策、国际金融、国际投资、国际贸易实务、外贸函电、国际贸易模拟、跨境电商实务、国际贸易结算与单证实务、国际市场营销。

西安欧亚学院跨境电商方向的核心课程为阿里巴巴国际平台操作实务、外贸电子商务综合实训、外贸网络营销、外贸操作实务、外贸函电、外贸英语口语、外贸计算机应用、电子商务精英基础、外贸营销实务、外贸单证实务。同时开设创业班（专科），创业班具有独特课程体系，开设创新创业思维、创新创业方法、创新创业实务与工具、创业实践四大课程模块，贯穿创业项目调研、创业项目策划设计、创业项目孵化与成长、创业项目商业化整个过程。

西京学院根据就业方向开设不同课程，互联网软件开发工程师就业方向开设网站规划与网页设计、WEB 前端设计、网络数据库、PHP 程序设计课程；电子商务运营主管与总监就业方向开设电子商务概论、网络营销、跨境电商实务、移动电子商务课程；互联网创业就业方向开设网络创新创业教育、消费者行为、企业资源规划、电子商务项目管理课程。

3. *在实践环节上，实践方式有所差异*

西安翻译学院国际经济与贸易专业跨境电商方向专科大三、本科大四都有课程安排，无法集中到电商企业进行实践学习。该专业有专门的学生团体和跨境电商企业合作，利用学生空闲时间，由跨境电商企业导师远程指导学生进行跨境电商操作。西安欧亚学院在学生最后一学年主要进行实践实习，安排学生到跨境电商企业实习。西京学院主要实践环节通过让学生进行网站规划与设计、电子商务分析与设计、校企合作等方式完成。同时以上部分院校都通过订单培养方式，与外贸电商知名企业共同成立订单班，共同培养外贸精英人才。例如，西安翻译学院、西安外事学院与京东集团、阿里巴巴集团、西安电子商务产业联盟等多家电商行业领跑企业进行校企合作，培养跨境电商人才。

9.2 陕西高校创新创业型跨境电商方向人才培养可行性分析

1. 跨境电商人才需求缺口较大

从前文可以看出，跨境电商近年来发展迅速，已成为新型的外贸模式，传统的国贸人才培养模式无法满足跨境电子商务行业人才的需求。据统计，当前从事跨境电商业务的人才需求缺口达86%，跨境电商企业选择的人才70.1%源于国际经济与贸易专业，全国本科院校国贸专业点有785个，高职院校国贸专业点有270个，2020年开设跨境电商专业的院校有178家，2021年新增130家，陕西省目前只有西安外国语大学1家2021年新增跨境电商专业。社会所需的跨境电商人才78%由跨境电商平台和企业自己培养，11%由商业培训机构培训，8%由政府培训，大学培训仅占3%，远远满足不了企业的需求。企业普遍认为，跨境电商人才奇缺的“瓶颈”问题已经严重制约了其发展速度。

2. 跨境电商企业招聘员工人才倾向国际贸易专业

跨境电商虽然需要前文所描述的各种岗位技能，但当前我国的跨境电商以出口B2B电商模式为主，电商出口仍然占据主导地位，近年的占比都在60%以上，其核心依然是国际贸易。从图9-1可以看出，跨境电商企业更倾向于招聘国际贸易专业的毕业生，因此国贸专业学生更受企业欢迎。

3. 高校能够根据市场需求调整课程

综合性院校能够整合教学资源，开设满足企业需求的跨境电商课程。各个院校经常根据企业对学生技能掌握的需求调整所开设的课程，人才培养计划3年大修订一次，每年小修订一次。当前，各大高

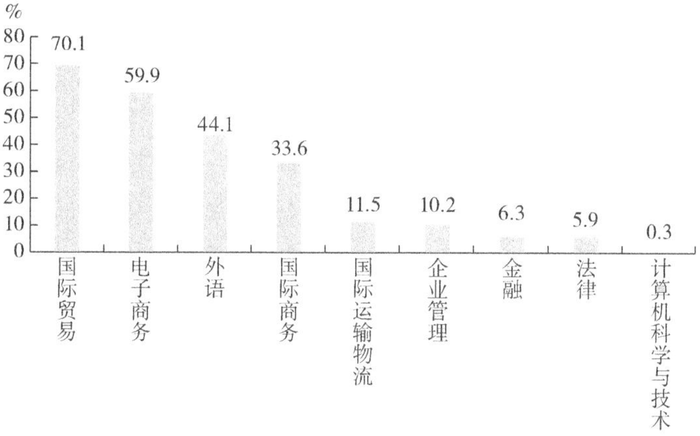

图9-1　跨境电商企业招聘员工倾向的专业

资料来源：阿里研究院《中国跨境电商人才研究报告》。

校多是综合性大学，在开设的各专业课基础之上，能够对跨境电商所需的教学资源进行整合，开设跨境电商人才培养的课程体系。以西安翻译学院为例，西安翻译学院国际商学院开设国贸专业，艺术与设计学院开设美学专业，信息工程学院开设电子商务、计算机专业，各专业都具有较强的师资队伍，学院可以在国贸专业设立跨境电商课程，由涉及的各专业教师进行讲授。整合教学资源一方面有利于学生掌握外贸和电商的基础知识、PS 软件的应用、在国贸实验室系统完成进出口贸易操作流程；另一方面国贸专业和速卖通、敦煌网具有合作关系，可以充分开展校企合作，完成跨境电商实践课时，给学生创造条件进行实践操作及创业，培养学生掌握跨境电商各岗位所需的技能。

4. 高校易于和企业进行校企合作

近年来，高校为了能够满足企业对学生的需求，上到学院、下到教师一直致力于校企合作，通过订单班、建立实习基地等形式，多层面、多方式开展校企合作，在校企合作方面具备充足经验。而跨境电商企业要求员工掌握各种技能，其基本技能理论层次不高、非常一线化，这些技能的掌握不能单纯依靠理论教学，学校可利用跨境电商低成本的特点和阿里巴巴全球速卖通平台开展校企合作。跨境电商店铺的运营虽要求有商品、资金和物流的支撑，但零库存的在线销售模式对其要求较低。跨境电商校企合作模式一般如下：学生操作线上的商品、物流，商家操作线下的商品、物流，按单结算，分工明确，效率较高，占用资金较少。此外，速卖通平台和阿里巴巴旗下的淘宝与1688是联通的，可以利用此点解决商品来源问题；速卖通引进的合作物流平台，物流价格低至2~3折，可以利用此点解决物流问题。以上政策为缺乏资金、商品来源、物流渠道的大学生创业提供了极大便利。

5. 为学生电商创业奠定基础

高校相当部分生源来自农村地区，部分学生英语基础较为薄弱，无法从事跨境电商或传统的国际贸易相关岗位，但可以利用在各电商平台操作的基础选择农村电商方向进行创业。农村生源学生具有农村资源，农产品货物积压相对较少。2014年国家提出精准扶贫后，多次下文鼓励发展农村电商，多数农村已有基层农村电商站点，农村电商的快速发展为农村生源提供了创业机遇。这对带动高校学生就业，缩小城乡差异，实现振兴乡村经济的战略将产生巨大推力。

9.3 陕西高校跨境电商人才培养体系存在的问题

1. 开设跨境电商方向专业雷同，培养目标定位简单

之前由于教育部未单独开设跨境电商专业，多数院校均是在其开设专业基础之上设立跨境电商课程，多开设于国际贸易、电子商务以及商务英语等专业。由于不能准确把握跨境电商行业用人标准，忽略跨境电商初级人才、中高端人才、战略性人才的差异，导致培养目标仅定位为“国际贸易+电子商务”“商务英语+电子商务”的结合，其体现的依旧是国际贸易、电子商务或商务英语单一专业的培养目标，没有体现跨境电商各个环节的岗位要求。

2. 部分院校开设的课程难以实现跨境电商人才培养目标

各高校国贸专业方向主要为进出口业务和跨境电商，但具体方向下开设的核心课程没有差异，主要包括西方经济学、国际贸易学、国

际贸易实务、国际贸易单证实务、国际市场营销、报关实务、外贸函电，缺乏开设跨境电商方向的专业课程，如电子商务概论、B2B 平台规则、跨境电商实务、跨境网络营销、跨境业务综合实训等实际工作内容，单纯依靠传统方式培养的国贸人才无法满足国际贸易环境变化之下催生的跨境电商行业需求。

部分院校培养方案只是在国际贸易、电子商务以及商务英语专业基础上加上跨境电商课程，部分院校将跨境电商课程设为考查课，只有 2 课时。部分院校开设的课程主要为传统国际经济与贸易专业的课程，与跨境电商相关的运营课程、网络营销课程、小语种课程、跨境电商基础、跨境电商平台实操等课程缺乏联系，致使学生对跨境电商相关内容掌握有所欠缺。部分院校虽然开设有跨境电商平台相关课程，一定程度上将传统外贸操作要掌握的技能与跨境电商平台操作结合起来，但存在开设跨境电商相关课程不完整，以及没有按照跨境电商流程开设课程的问题，致使学生对跨境电商认知较少。加之部分院校跨境电商教学仍以理论教学为主，教授内容依然以教材为主，学生缺乏实践操作，无法系统掌握跨境电商流程及各个环节所需知识。

3. 岗位技能问题

在高校传统贸易人才培养模式中，国贸人才主要具备签订国际贸易合同、掌握各种贸易术语、核算进出口报价、填制各种单证、熟悉报关报检与结算、口语流利等基本技能，跨境电商人才要求在此基础上还需要具有网络营销、互联网平台运营、供应链管理等技能，不同岗位需求的技能不同。跨境电商行业所需要的岗位主要包括客服（要求口语流利、沟通能力较强，能够利用外语进行网络营销、网络推广、撰写营销软文）、运营推广（具有在阿里巴巴国际站、速卖通、eBay 等平台上注册店铺、上传和发布产品的能力，熟悉网络外贸流程和技巧，了解各大网络平台的运营方法和具体规则，能够对平台进行维护优化）、美工设计（掌握 PS 软件）、摄影（具有美学基础）、刊登（能够分析数据）、采购（了解不同国家文化和消费习惯差异）和物流（具备通关能力、熟悉国际物流订单处理和发货流程，熟练掌握供应链管理知识，具备供应链管理能力，能够有效协调供应链各环节）。由此可见，高校传统贸易人才培养模式要求学生掌握的技能无法满足跨境电商企业的需求。

4. 部分院校跨境电商实践环节流于形式

跨境电商是近年新兴的国际贸易形式，具有实践性强的特点，因此学生在学习过程中需要通过跨境电商实践软件、各种跨境电商平台，或者校企合作的形式掌握跨境电商操作流程。但能和企业实际接轨的跨境电商实践软件价格较高，陕西民办院校培养跨境电商人才时间较短，相对于东部省份职业院校跨境电商生源爆满场景，陕西民办院校跨境电商生源较少，导致陕西民办院校中只有少数院校购买跨境电商实践软件。

通过跨境电商实践平台设立店铺是一种让学生掌握跨境电商操作流程的较好方式，很多跨境电商实践平台也开通了部分资源用于学校教学活动，如速卖通、Wish 等。但由于部分平台规定禁止产生订单，学生只能操作建立店铺、上传产品环节，其他环节无法完成。2018年，很多跨境电商实践平台规则发生改变，建立店铺要交一定的费用，导致学生无法通过跨境电商实践平台继续实践操作。

学校和企业建立校企合作，学生通过企业的店铺账号完成跨境电商操作流程是常见的校企合作方式。当前跨境电商人才缺口较大，民办院校的学生符合企业的用人要求。校企合作有利于解决企业人才不足的问题，有利于学生熟悉、掌握跨境电商操作流程，有利于学校扩展实习基地，因此民办院校与跨境电商企业签订大量的校企合作协议。但只有少数院校会真正组织学生到跨境电商企业实习，多数民办院校由于学生出去实习的安全保证问题、学生不愿到较为辛苦的跨境电商行业实习等原因，校企合作协议没有落到实处。个别院校个别专业因难以组织学生去跨境电商企业实习，而不愿意签订跨境电商校企合作协议，实习基地无从建立，学生的跨境电商实践环节无法落实。

5. 实践教学问题

国贸专业是实践性较强的专业，要求学生掌握理论后，在实践中进行操作。当前各个高校国贸专业的人才培养模式中各门课程都有实践教学的课时，如国际贸易实务课程总课时为64，理论课时为32，实践课时为32，但能真正进行实践操作的寥寥无几。原因有以下两个方面：一是缺乏实习单位；二是教师积极性不高，这源于民办院校教师都有课时量的要求，完不成课时量当年年终考核为不合格，教师带学生到企业实践期间的课时量如何计算，部分院校没有明确的政策，导致教师带领学生实践的积极性不高。高校传统的国贸人才培养模式中实践教学的实现尚存有难度，新型的跨境电商实践教学更是难以实现。因此，高校有必要针对国贸专业展开校企合作，和各大电商平台合作以解决实践教学问题。

6. 部分院校跨境电商师资实力较为薄弱

培养跨境电商人才的关键是高水平的师资队伍。在传统专业上，陕西民办院校师资结构、学历结构较为合理。但跨境电商作为新兴专业，师资相对匮乏。部分院校从事跨境电商教学的教师多数为具有经管专业、电子商务专业、英语背景的教师，缺乏跨境电商背景或专业的教师，只有少数教师进行了跨境电商课程师资培训，“双师型”跨境电商教师更是缺乏。部分院校跨境电商课时较少，且缺乏实训软件与可操作的电商平台，任课教师只是单纯讲授理论知识，忽略跨境电商实践操作。虽然部分院校聘有跨境电商背景的企业导师，但更多是通过网络培训形式指导学生上传产品，订单产生后由企业进行发货，后续流程及操作学生无法完成，致使学生理论与实践操作无法有效结合。

7. 缺乏跨境电商创新创业能力的培养

如前文所述，当前跨境电商企业所需的是具有创新创业能力的人才，但目前陕西高校开设课程缺乏相关课程。这里提及的创新创业需要结合跨境电商行业进行，培养懂跨境电商战略的复合型人才。站在学生的角度，跨境电商创新创业能力的培养需要学生完全进入跨境电商企业，从零基础做起，在能够熟练操作跨境电商流程的前提下，熟悉跨境电子商务的前沿理论，了解行业的现状及发展趋势，能够从战略上布局促进业务发展，具有对各个跨境电商平台的宏观把控能力。站在学校的角度，创新创业能力的培养要求学校既能提供理论内容的讲解，又能够提供平台让学生对跨境电商进行操作，同时学校要站在合伙人的角度胜任战略层面的分析。

8. 培养途径问题

目前高校培养跨境电商人才的途径包括高校独立培养和跨境电商培训机构培养。第一种培养途径在课程体系设置、要求学生掌握的岗位技能方面存在和企业需求脱钩的情况。第二种培养可避免上述问题，学生经跨境电商机构培训后可直接上岗，这种模式也可以缓解学生就业难的问题，对学生、学校、企业都有益处，目前此种模式较多。但此种模式也存在一定的局限性：一是学生离开学校去培训机构学习，人身安全问题是高校首要考虑的问题，当此问题无法解决时，部分高校会选择放弃跨境电商培训机构培养途径。二是培训机构的教学质量良莠不齐，无法保证学生对学习内容的掌握。很多培训机构位于沿海城市，学生接受培训时远离学校，培训时间短、密度大，学校无法对教学质量进行监控。三是跨境电商培训机构在保证学生就业方面存在问题。跨境电商培训机构一方面通过学校对学生进行培训；另一方面联系跨境电商企业，学生在跨境电商培训机构培训后，可直接到跨境电商企业实习就业。但最终能在企业就业的学生很少，这也反映出跨境电商培训机构宣称的就业保证存在问题。

9.4 陕西高校跨境电商人才培养体系优化措施

9.4.1 开设跨境电商专业，明确人才培养目标

跨境电商人才不仅要掌握合同的签订、报价的核算、单证的填制、报关报检的完成等基本知识点，而且要掌握跨境电商业务的基本

知识，具备网络营销、互联网平台运营、供应链管理等技能，既能够处理国际贸易的基本业务，也可以处理跨境电商业务。在实际业务中，能够有较强的实践能力和多语言运用能力，完成外贸业务及跨境电商平台运营等工作。

目前，各个高校多是将跨境电商以专业方向的形式开设，并未设置独立专业，如国际贸易专业跨境电商方向、商务英语专业跨境电商方向、电子商务专业跨境电商方向等，导致人才培养目标多是在所依靠专业的人才培养方案上结合跨境电商的部分要求修改而来，致使跨境电商方向人才培养方案多是相关专业的改版。因此各高校要做好开设跨境电商独立专业的准备，积极申请开设跨境电商专业，结合跨境电商流程制订跨境电商专业人才培养方案，明确跨境电商专业人才培养目标。

9.4.2 根据跨境电商岗位流程，完善课程体系

跨境电商具有较强的实操性，课程应该根据跨境电商岗位流程开设。上述院校跨境电商方向开设的主干课程多是所依靠专业的课程，如依靠国际经济与贸易专业开设跨境电商方向的课程多数是国际经济与贸易专业的课程，依靠电子商务专业开设跨境电商方向的课程多数是电子商务专业的课程。没有按照跨境电商的流程或就业岗位开设相关课程。以 B2C 跨境电商为例，其中涉及掌握平台规则、开设店铺、上传产品、设置物流、运费核算、发货或虚拟发货、数据统计等模块，涉及的岗位包括能用不同语种与客户交流，懂得买方所在地法律和知识产权的客服岗位；熟悉不同跨境平台运营规则，能够通过网络营销手段进行产品推广，打造爆款的运营推广岗位；能够利用美学和视觉营销知识制作精美图片的美工和摄影岗位；能够了解不同国家和地区的风俗习惯、消费特点，选择适销对路产品的采购和选品岗位；能够通过多种渠道上传、刊登、发布产品的刊登岗位；熟悉国际物流发货流程和订单处理，具有国际通关能力的物流岗位。可以看出，跨

境电商开设课程不仅包括国际贸易、商务英语、电子商务的相关课程，还应该开设讲解平台规则、选品、图片处理、网络营销、物流、支付、结算、售后等课程。

跨境电商企业人才培养的课程内容涉及电商运营过程中所有环节，如果按照人员分类，至少需要管理人员、IT及后台管理技术人员、业务员三类人员，民办院校和企业联合，结合不同人员岗位职责与技能需求，构造跨境电商人才培养的课程体系。

1. 跨境电商管理人员的课程体系

管理人员主要负责团队的组建、人才的招募评鉴、员工培训、客户管理等工作内容。团队的组建与人才的招募评鉴工作要参考人力资源管理课程体系、团队建设的激励机制课程体系、薪酬体系的设计建立课程体系、电商运作模式课程体系、进出口业务课程体系；员工培训工作要学习制订包括产品知识、报价单、岗位职责、行业知识体系、竞争对手分析、客户常见问题、客户应对技巧等具体培训计划；客户管理工作要学习采用有效的客户资源管理系统对客户资料进行管理。

2. IT及后台管理技术人员的课程体系

IT及后台管理技术人员负责电商平台操作与后台管理、客户资料搜集与档案建立、产品画册的制作与宣传、EDM邮件营销及监控等。电商平台操作与后台管理工作要学习在各大平台上发布高质量产品信息及其优化，确保关键词排名，根据后台数据调整产品信息，利用技术或资金进行产品信息推广等，同时学会利用阿里神器帮助企业快速提升产品曝光率、点击率；客户资料搜集与档案建立工作要掌握高质量客户资料，了解客户采购习惯、偏好，学会利用海关数据库挖掘客户，并建立好档案提交业务部门人员跟进；产品画册的制作与宣传工作要学习利用ISSUU网站制作外商喜好的产品电子画册，并定期发布和更新画册，同时要学会建好国外云盘；EDM邮件营销及监控工作要学习使用EDM邮件营销系统，将企业和产品信息有针对性地群发给相应的客户群体，同时要掌握客户是否看过邮件、浏览时间与次数、所在地等信息，方便开展二次营销。

3. 业务人员的课程体系

业务人员负责跟进客户、服务客户、跨境电商业务等工作。跟进客户、服务客户工作要学习使用客户资源管理系统，掌握平台客户回复与跟进技巧，重点学习通过询盘分析得出客户的状态、职位、专业度、英语水平、性格，掌握客户更多的资料，提升询盘的转化率。同时学会使用谷歌快讯收集全球资讯，了解客户当地的市场变化与需求，写出高质量的开发信或选择有效维护客户的话题，从而提升下单次数。跨境电商业务要学习跨境电商业务的整个业务流程，生产单、订单、装箱单、形式发票、提单等单据的制作，联系物流或货运代理公司进行货物通关，防范钓鱼邮件与网络诈骗等。

9.4.3 校企合作形式多样化

当前，校企合作是很多高校培养跨境电商人才的方式，企业提供账号，学生上传产品，但如前文所述，此种方式学生无法系统地掌握跨境电商进口、出口相关流程，无法了解岗位职责。校企合作的方式可以多样化，具体如下：

1. 院校和园区签订校企合作协议

经管类专业校企合作实行具有一定的难度，但跨境电商行业校企合作具有可实施性。跨境电商操作性较强，初级员工操作需要长时间关注订单的变动，一方面，中小型跨境电商企业存在空缺岗位，需要员工数量较少，但中小型跨境电商企业数量众多，导致跨境电商行业初级员工较为缺乏；另一方面，民办院校有大量学生寻找跨境电商实践实习机会。在此背景下，跨境电商企业与院校进行合作可解决以上双方存在的问题。由于每个中小型企业所需初级员工数量较少，院校与多家企业逐一签订校企合作协议具有一定难度，民办院校可以和涉及跨境电商业务的园区签订校企合作协议，西安多所园区涉及跨境电商业务企业，如西安国际港务区、西安沣东园区等，院校派遣学生到园区，园区对接企业，收集登记跨境电商企业用人数量，安排学生到企业进行操作实习，企业导师免费指导学生进行学习，学校派遣老师监督、管理学生。

2. 院校和电商平台签订校企合作协议

当前，跨境电商平台有亚马逊、速卖通、Wish、eBay等，每个平台涉及不同的产品类目、销售区域与平台规则。入驻电商平台的企业也存在初级员工短缺的问题，平台可对其所需人员数量进行登记，和院校签订校企合作协议，最终学生通过院校、平台被安排到企业进行实践学习。学生可到企业实践或者通过企业平台提供的账号进行实践，实践过程中企业要安排人员进行指导，以项目为驱动，尤其是企业通过平台提供的账号，务必保证学生参与跨境电商全部业务流程，整个过程中学校要派遣老师参与其中，对学生进行管理。

3. 企业走进院校，以院校作为校企合作建设基地

此种合作方式下，企业和学校可将院校内部的综合实训基地建设成为校企合作基地，企业将产品搬入学校的库房，方便学生熟悉、掌握物流流程；企业派出人员入驻学院，利用院校的资源如机房、仓库、拍摄设备，和院校教师共同指导学生完成建立店铺、上传产品、寻找物流、设置运费、发货清关等环节。此种合作方式不仅有利于企业解决产地、员工、仓库不足，而且有利于企业节省成本，学生也能更好地掌握跨境电商岗位技能。

4. 企业派员入驻院校，参与学生的跨境电商创新创业

在国家鼓励创新创业的大背景下，各大高校积极成立创新创业学院，鼓励学生进行各种形式的创业，部分学生有稳定的货源，愿意进行跨境电商创业。在此背景下，院校和相关同类企业签订校企合作协议，企业派员入驻院校，对这些项目进行指导。多数院校对成熟的项目都免费提供办公区域，企业也可充分利用学校的其他资源。在学生店铺建立起来后，企业也可以在学生的店铺中上传自身的产品。此种

合作方式有利于学生系统地掌握跨境电商创业的流程及存在的问题，也有利于企业后期利用学生资源销售自己的产品。

5. 搭建电商工作室平台

第一，依托电商平台成立工作室。成立由多名学生共同出资的外贸公司，具体出资比例由学生商议，出资最多者为法定代表人；在公司刚成立之时，依托阿里巴巴旗下“一达通”平台，积极利用各种海外客户资源，从下单到完税进行试订单操作，整个贸易环节教师参与指导。教师和学生通过试订单操作熟悉“一达通”平台下的建站托管、商品发布、营销推广、订单管理、信用保障、出口通关、物流金融、数据咨询等功能和具体操作流程之后，即可开展跨境电商业务。

第二，“教、学”合一的教学模式。以电商工作室为平台，考虑到民办院校学生的特点，可通过“教、学”合一的教学模式，培养学生的专业技能和职业素养。“教”，教师不仅要讲授国贸和跨境电商基本理论课程，而且要围绕“一达通”平台讲授跨境电商平台规则、跨境电商选品、跨境电商物流与运费模板、产品发布与优化、店铺建立与装修、平台客户服务等内容。“学”，学生通过理论学习和实践学习掌握实际操作经验和技巧。利用“一达通”平台运营工作室，团队合作操作完成跨境电商选品、标题及关键词、产品描述、价格、国际物流等环节。教师在团队每次完成之后可通过设计模板生成成绩，包括每个学生的小组得分、组内互评系数、个人得分、小组评价任务、组内互评任务、总分以及教师调整分等，团队可根据得分对自身短板进行调整。每个合作团队在经过学习之后，能够自主完成跨境电商选品、产品定价、发布与优化、店铺设计与优化、营销活动、订单与客户沟通、服务等跨境电商业务运营，成为跨境电商复合型人才或者创业人才。

第三，以工作任务为导向培养岗位技能。公司入驻“一达通”平台后，注册登记后可获得公司店铺页面的链接。该平台下有主账号和6个子账号，教师负责主账号，学生团队负责子账号。针对跨境电商人才的培养目标定位，围绕“教、学”合一的教学模式，以就业需求为导向，设计工作内容和技能要求。具体内容包括：客户的选择永远是对的——玩转跨境电商选品；给你的宝贝起个响当当的名字——产品标题那些事；你拿什么故事让你的顾客流泪——产品描述；买家不是喜欢便宜而是喜欢占便宜——轻松搞定价格；跨境物流，你为什么那么贵——运费模板设置；这是一个看脸的时代——优化你的店铺；啤酒和尿不湿是好朋友——关联产品模板设置；想钓到鱼，要先投饵——店铺促销活动；交流，交流，还是交流——打造金牌客服等。学生在公司运营的过程中遇到问题，除可以向老师、“一达通”的客服咨询外，还能够通过“阿里外贸学院”的视频教学进行自主学习。除此之外，学生可免费参加“一达通”不定期举办的外贸实战技巧讲座，及时了解外贸的前沿动态，总结实战经验。

第四，运营真实项目，对接真实企业。学生在熟悉平台的运营规则与流程后，可独自参与真实项目运营，具体包括发布产品供求信息、寻找客户、利用平台进行营销、客户关系的维护等。学生与真实的生产厂家和跨境电商运营企业对接，在真实的跨境电商交易平台上进行真实的交易，面对真实的国外客户，获得真实的订单，产生真实的利润，不仅能够激发学生的参与和投入热情，而且能够帮助他们在持续推进的业务竞争中不断提升创业和就业能力。

第五，学校牵线，学生代企业运营部分环节。部分院校和有跨境电商业务的实体企业共同隶属某集团，学校可与集团协商，让具有经验的学生代企业运营跨境电商业务，由企业向学生提供产品和资料，并支付一定的报酬，开展在线交易、产品优化、客户服务等业务。通过代运营项目，学生可以充分利用课外时间为企业提供产品推广活动，同时，由教师和企业人员进行示范操作和培训辅导，对学生操作进行分析评价。通过运营服务，学生可以进一步了解企业在研究项目和生产运营中所遇到的最新问题，提高发现问题、分析问题和创造性解决不确定性问题的能力，使企业达到节约成本、储备人才的目的。

9.4.4 培养学生创新创业意识

目前全国各个高校围绕创新创业进行多方面尝试，给学生提供各种便利，包括成立创新创业学院、配备创新创业导师、提供创业资金、提供免费场地、给学生进行培训、讲解政策优势、给毕业生联系各项扶持资金等，目的是培养学生创新创业意识。学生通过在跨境B2B平台上的运营，以真实项目为依托更能进一步培养创新创业意识。在电商平台上完成组建创业团队、选择产品、发布产品、设置运费模板、拟定标题及关键词、制作与选择主图、撰写产品介绍、开设店铺、装修店铺、平台促销活动、店铺自主营销、纠纷订单处理、询盘回复等各个流程，有助于培养学生独立经营的意识和能力，激发学生自主创业的热情，有效提高学生的创业能力。后期学生若能够成功孵化独立运营项目，学校则全程提供技术支持或资金支持引导项目走向正轨。

9.4.5 打造跨境电商师资团队

第一，培养骨干教师。目前外贸类师资大部分毕业于各大高校的外贸类专业或是来自传统外贸企业，他们精通传统国际贸易理论与实务操作，但对跨境电子商务环境下的新型国际贸易严重缺乏实践经验。从目前的调查情况来看，国际贸易专业教师大部分客观上对跨境电子商务的认识不够，并且学习新课程的能力和时间也明显不足。如果授课教师没有从事跨境电商的实战经验，对各类知名电商平台不了解，那么在教学上就难免出现教学内容苍白、空洞无物的问题。学校可以采用外派骨干教师赴电商企业顶岗实习的方式和引进外贸电商企业人员作为兼职教师承担实训课程讲授的方式解决这一问题。教师以顶岗实习的方式全脱产进入企业，参与企业的运作，将理论与实际相结合，在向学生讲解专业知识的过程中，可以通过植入公司或者创业项目，结合真实的案例讲解理论知识，增强课堂内容的实用性。外贸电商企业人员作为兼职教师承担实训课程，实际执行时需要学校和企业签订协议，确保兼职教师的教学质量。

第二，打造跨境电商“双师型”教师团队。当前高校跨境电商方向教师多数单纯为国际贸易、电子商务、商务英语专业的教师，缺乏既懂国贸又懂语言沟通及跨境电商技能的教师团队。因此，打造跨境电商“双师型”教师团队，提升师资能力，在人才培养体系中越发重要。因此在上述多种校企合作形式中，院校担任跨境电商课程的教师务必参与进去，一是有利于搜集适合上课用的素材，二是有利于提升教师自身跨境电商的实践能力。同时，院校要鼓励教师到跨境电商企业进行顶岗实习，高校教师工作任务量较大，教师精力有限，因此院校顶岗实习政策一定要明确。院校也可邀请跨境电商专家进校开展跨境电商讲座，但这种方式相对于顶岗实习，效果一般。

9.5 本章小结

本章对陕西跨境电商人才培养现状进行梳理，陕西多所高校为满足企业对跨境电商人才的需求，及时调整人才培养计划，开设跨境电商课程，但是在实际操作中存在诸多问题。问题的解决需要人才培养体系的调整，结合陕西高校的专业设置和跨境电商实操性的特点，充分论述了陕西高校创新创业型跨境电商方向人才培养的可行性。针对陕西跨境电商人才培养的问题，本章提出开设跨境电商专业，明确人才培养目标；根据跨境电商岗位流程，完善课程体系；校企合作形式多样化；培养学生创新创业意识；打造跨境电商师资团队等具体措施。其中，校企合作形式包括院校和园区签订校企合作协议；院校和电商平台签订校企合作协议；企业走进院校，以院校作为校企合作建设基地；企业派员入驻院校，参与学生的跨境电商创新创业；搭建电商工作室平台等具体的合作形式。高校和电商平台合作共同培养跨境电子商务方向的人才，学生在跨境电子商务平台真实的实训环境中能够有效提高自身的职业意识和专业能力，有助于培养学生的跨境电商创新创业意识和提升风险防范能力，为跨境电商生态系统的稳定性从人才输出角度提供助力。

10

结论与展望

10.1 主要结论

1.4 个层面构建跨境电商生态系统

在对外开放格局下，陕西跨境电商产业相比东部地区发展缓慢，这严重制约了陕西地区的对外开放与高质量发展，也不利于区域经济的协同健康发展。本书对生态理论、共生理论、企业生命周期理论、市场准入制度理论、交易成本理论及比较优势理论进行了梳理，分析其对跨境电商产业的适用性。根据跨境电商生态系统种群，借鉴阿里巴巴跨境电商生态系统的结构构成，结合跨境电商的运营重新构建跨境电商生态系统。本书认为跨境电商生态系统由内而外由核心层、基础层、服务层、外部层构成，核心层以跨境电商平台为主，基础层以适于发展跨境电商的优势产业为主，服务层以与跨境电商园区运营的相关服务业为主，外部层以政策环境、人才培养以及规则层面的制度为主。

2. 陕西产业条件和物流条件制约陕西跨境电商的竞争力

陕西地处内陆，跨境电商产业发展空间较大，中欧班列、跨境电商平台、支付方式、政府政策等为陕西跨境电商的发展提供了助力。在内陆省份中，陕西跨境电商具有一定的竞争力，本书借助 ANP - TOPSIS 模型测度了我国 2015—2019 年包括陕西在内的 18 个内陆省份跨境电商竞争力，得出产业条件和物流条件的改善能够显著提高陕西跨境电商的发展竞争力。根据以上结论，陕西的产业条件和物流条件是本书的研究重点之一。

3. 市场主导型的跨境电商平台绩效评价

对进口跨境电商平台，本书选取平台回复率、回复时效性、用户满意度计算综合指数对小红书、洋码头等市场主导型的跨境电商平台进行评价，发现2018—2021年，小红书的综合指数都高于洋码头，小红书的平台回复率、回复时效性、用户满意度相对较高。针对各平台用户满意度不高的问题，提出要结合消费者跨境购买偏好，增加平台经营商品品类、挖掘小众商品，满足市场的个性化需求。

对出口跨境电商平台，本书分析了亚马逊、Wish跨境电商平台系统功能对陕西跨境电商企业的适用性，在分析方法上采用AHP-模糊综合评估法确定跨境电商平台系统运行的评价指标权重、平台模糊评价矩阵与总体隶属度，得出Wish平台系统功能更适用于陕西跨境电商出口企业。

4. 水果业和服装业是陕西发展跨境电商的比较优势产业

产业的发展为跨境电商的发展提供了货源支持，是跨境电商发展的基础。本书结合陕西的产业发展，分析陕西适合发展跨境电商的比较优势产业——均为劳动密集型产业的水果业和服装业，陕西应充分发挥当地资源优势，推动水果业和服装业跨境电商的发展。同时结合陕西水果业和服装业的发展现状，分析其发展跨境电商存在的问题，从产业聚集、品牌打造、信息共享、物流通关等方面提出促进陕西水果业和服装业发展的建议。

5. 跨境电商园区发展经验总结

跨境电商园区承载着跨境电商产业发展的功能，是海关、国检、国税、外汇管理、金融、物流的联结点，是跨境电商相关服务业的融合区。本书第7章总结了郑州、杭州、广东、成都的跨境电商园区发展经验。

郑州作为中部地区，凭借跨境电商综合试验区创新吸引跨境电商巨头入驻、实现即时秒通关、提升消费者购物体验、整合资源形成

“三平台七体系”的配套服务模式；杭州跨境电商综合试验区凭借“两平台六体系”打造13个线下跨境电商园区错位发展，形成跨境电商集聚区，带动新兴产业集群迅速发展；广东跨境电商综合试验区数量居全国第一，通过打造“林贰林”和“进口易”助推跨境电商产业的发展、从产品展示平台向提供综合服务转变，从单一发展到产业链整合，全方位转型升级，政府出台优越政策培育跨境电商龙头企业、全省建设跨境电商综合试验区、开展“产业集群+跨境电商”试点、发展跨境电商云端贸易等，促使广东省跨境电商相关企业数量排名第一，跨境电商交易额连续8年占据全国第一；成都地处西南内陆，依托政府政策快速集聚跨境电商市场主体，采取“跨境电子商务平台+外贸综合服务+国际物流港”机制规划跨境电商园区、组建成都市跨境电子商务协会、建立常态传播机制、成立全球跨境电商服务资源中心、搭建跨境贸易电子商务公共服务平台与跨境电商出口信用保险统保服务平台等措施，促使成都2020—2022年跨境电商交易额每年增长幅度超过100%。

6. 陕西跨境电商园区发展模式

由于地理位置、交通、产业基础、政府政策等因素的差异，陕西跨境电商园区数量总体相对较少，陕西经济发展的不均衡性导致跨境电商园区以关中地区为主，园区建设存在定位不明确、资金有限，各园区存在平台重复建设等问题，借鉴以上省（市）的成熟经验，从挖掘跨境电商消费主体，优化营商环境，明确园区发展定位，信息共享、提升通关效率，引进与培养跨境电商龙头企业、提升陕西跨境电商产业影响力6个方面提出陕西跨境电商园区发展的具体建议。为了便于跨境电商相关企业形成集聚效应，结合陕西优势，提出“人才+园区+服务外包企业”模式、“金融机构+园区+跨境电商企业”模式、“高校+跨境电商企业+文化外贸企业”模式、“园区+园区企业开放共享资源”模式。

7. 陕西跨境物流需全方位加强建设

跨境物流是跨境电商运营中的一个重要环节，跨境物流的发展、时效会制约跨境电商的发展。陕西跨境物流基础设施建设、物流效率、运行效率、成本、人才培养、国际港务区、海外仓的建设等方面都存在问题，陕西政府、企业、物流园区应把握跨境物流的全局发展，从局部进行改善，从完善跨境物流基础设施建设、推进中欧班列长安号发展、促进跨境物流园区和海外仓的发展等方面全方位加强跨境物流的建设。

8. 校企合作多形式培养陕西跨境电商人才

跨境电商的发展，面临着人才的制约，陕西作为教育大省，积极结合跨境电商发展的需求，调整人才培养计划，开设跨境电商课程，但是在实际操作中依然存在诸多问题。针对陕西跨境电商人才培养存在的问题，本书第 9 章提出开设跨境电商专业，明确人才培养目标；根据跨境电商岗位流程，完善课程体系；校企合作形式多样化；培养学生创新创业意识；打造跨境电商师资团队等具体培养措施，其中校企合作形式是重点，具体包括院校和园区签订校企合作协议；院校和电商平台签订校企合作协议；企业走进院校，以院校作为校企合作建设基地；企业派员入驻院校，参与学生的跨境电商创新创业；搭建电商工作室平台等具体的合作形式。

10.2 不足之处

本书构建的跨境电商生态系统包括核心层、基础层、服务层、外部层，其中，服务层个体居多，鉴于数据的获得性，以及陕西跨境电商园区对相关跨境电商服务企业的聚合，本书对服务层的陕西跨境电商园区进行分析，没有对跨境物流以外的个体展开研究。

同时外部层包含政策环境、人才培养以及规则层面的制度，陕西跨境电商起步较晚，出台的政策多是在国家整体政策的推动下进行的，因此陕西跨境电商的政策在第 4 章“陕西跨境电商的发展”中提及，没有单独作为一章进行论述。跨境电商相关规则层面的制度，目前全球甚至全国范围内还没有统一的规定，因此本书只是将其归入外部层。

10.3 研究展望

陕西跨境电商生态系统的稳定性受陕西跨境电商平台、产业基础、跨境物流、支付体系、监管制度、人才培养等相关因素的综合影响，本书只是在层级层面上分析跨境电商个体的发展现状及存在的问题，并提出优化对策。

跨境电商生态系统的运行涉及相关跨境电商产业的协同发展，随着国家数字经济、数字贸易的发展，跨境电商作为一种外贸新业态和具体产业相结合，会吸引国内外更多学者对跨境电商生态系统的关注。以后的研究会进一步细化，不仅仅局限于微观层面上的定性研究，更多的是会从宏观经济的运行与跨境电商相关产业、相关政策的关联性上进行实证研究，尤其是会对跨境电商规则层面的制度性进行研究。

附录

附录 A　跨境电商试点类代表性政策

政策法规	颁布时间	主要内容	发文单位
《关于跨境贸易电子商务服务试点网购保税进口模式有关问题的通知》	2014 年 3 月	试点城市：上海、杭州、宁波、郑州、广州、重庆，就试点商品范围、购买金额和数量、税收、企业管理、海关统计等问题进行说明	海关总署
《关于同意设立中国（杭州）跨境电子商务综合试验区的批复》	2015 年 3 月	一是同意设立中国（杭州）跨境电子商务综合试验区；二是综合试验区建设要着力在跨境电子商务交易、支付、物流等环节先行先试；三是有关部门要转变观念和工作方式，大力支持综合试验区发展；四是加强对综合试验区建设的组织领导	国务院
《关于支持中国（杭州）跨境电子商务综合试验区发展的意见》	2015 年 7 月	一是支持跨境电商综合试验区先行先试；二是支持新型监管体系构建；三是支持线下"综合园区"建设；四是积极参与跨境电商规则研究和加强国际合作交流；五是加强跨境电商综合试验区建设的检验检疫能力保障	国家质量监督检验检疫总局
《关于加强跨境电子商务网购保税进口监管工作的函》	2015 年 9 月	一是网购保税进口应当在经批准开展跨境贸易电子商务服务试点城市的海关特殊监管区域或保税物流中心开展；二是对网购保税区"基本设施"建设提出要求；三是各海关要加强跨境电子商务信息化系统建设；四是严厉打击走私等违法犯罪行为	海关总署加贸司
《关于天津市开展跨境贸易电子商务服务试点工作的函》	2015 年 10 月	天津市正式获批成为开展跨境贸易电子商务服务试点城市。政策要求天津市根据跨境电子商务服务试点工作要求，研究制定试点实施方案并向海关总署报备，海关总署将及时协调指导天津市开展试点工作	海关总署

续表

政策法规	颁布时间	主要内容	发文单位
《关于同意在天津等12个城市设立跨境电子商务综合试验区的批复》	2016年1月	一是同意在天津、上海等12个城市设立跨境电子商务综合试验区；二是借鉴“两平台六体系”的经验和做法，因地制宜，突出本地特色和优势；三是相关部门要坚持深化简政放权等改革，大力支持综合试验区发展；四是加强对综合试验区建设的组织领导	国务院

附录 B 跨境电商通关类代表性政策

政策法规	颁布时间	主要内容	发文单位
《关于增列海关监管方式代码的公告》	2014 年 1 月	增列海关监管方式代码“9610”，以“9610”海关监管方式开展电子商务零售进出口业务的电子商务企业、监管场所经营企业、支付企业和物流企业应当按照规定向海关备案，并通过电子商务通关服务平台实时向电子商务通关管理平台传送交易、支付、仓储和物流等数据	海关总署（2014 年第 12 号公告）
《关于跨境贸易电子商务进出境货物、物品有关监管事宜公告》	2014 年 7 月	明确规定了与海关联网的电子商务平台进行跨境交易的进出境货物、物品范围，以及数据传输、企业备案、申报方式、监管要求等事项	海关总署
《关于增列海关监管方式代码的公告》	2014 年 7 月	增列海关监管方式代码“1210”，以“1210”海关监管方式开展跨境贸易电子商务零售进出口业务的电子商务企业、海关特殊监管区域或保税监管场所内跨境贸易电子商务经营企业、支付企业和物流企业应当按照规定向海关备案，并通过电子商务平台实时传送交易、支付、仓储和物流等数据	海关总署（2014 年第 57 号公告）
《关于调整跨境贸易电子商务监管海关作业时间和通关时限要求有关事宜的通知》	2015 年 5 月	自 2015 年 5 月 15 日起，海关对跨境贸易电子商务监管实行“全年（365 天）无休日、货到海关监管场所 24 小时内办结海关手续”的作业时间和通关时限要求	海关总署
《关于跨境电子商务零售进出口商品有关监管事宜的公告》	2016 年 4 月	对海关有关监管问题进行说明，包括政策适用范围、企业管理、通关管理、税收征管、物流监控和退货管理等事项	海关总署

续表

政策法规	颁布时间	主要内容	发文单位
《关于执行跨境电子商务零售进口新的监管要求有关事宜通知》	2016 年 5 月	关于网购保税模式新的监管要求：过渡期内，在试点城市（上海、杭州、宁波、郑州、广州、深圳、重庆、天津、福州、平潭）继续按税收新政实施前的监管要求进行监管，即网购保税商品“一线”进入海关特殊监管区域或保税物流中心（B 型）时暂不验核通关单，暂不执行《跨境电子商务零售进口商品清单》（以下简称《清单》）备注中关于化妆品、婴幼儿配方奶粉、医疗器械、特殊食品（包括保健食品、特殊医学用途配方食品等）的首次进口许可证、注册或备案要求。过渡期内，暂不执行《清单》备注中关于化妆品、婴幼儿配方奶粉、医疗器械、特殊食品（包括保健食品、特殊医学用途配方食品等）的首次进口许可证、注册或备案要求	海关总署
《关于增列海关监管方式代码的公告》	2016 年 12 月	增列海关监管方式代码“1239”，适用于境内电子商务企业通过海关特殊监管区域或保税物流中心（B 型）一线进境的跨境电子商务零售进口商品；天津、上海、杭州、宁波、福州、平潭、郑州、广州、深圳、重庆 10 个城市开展跨境电子商务零售进口业务暂不适用此监管方式	海关总署（2016 年第 75 号公告）

附录C 陕西省各市电商园区分布

序号	园区名称	省份	城市	地区	企业数
1	西安紫葵易购电商产业园	陕西省	西安市	未央区	15
2	西安软件新城国家电子商务示范基地	陕西省	西安市	雁塔区	50
3	西北电子商务生态园	陕西省	西安市	雁塔区	207
4	美人鱼电子商务产业园	陕西省	西安市	长安区	88
5	百利威国际电商产业园	陕西省	西安市	灞桥区	—
6	京通易购电商产业园	陕西省	西安市	高陵区	1
7	西安迎天下电商产业园	陕西省	西安市	高陵区	—
8	西安·碑林直播电商产业园	陕西省	西安市	碑林区	—
9	乐道电子商务产业园	陕西省	西安市	高陵区	—
10	鄠邑区电子商务产业园	陕西省	西安市	鄠邑区	—
11	蓝田县电子商务产业园	陕西省	西安市	蓝田县	—
12	王益区电子商务产业园	陕西省	铜川市	王益区	—
13	铜川市顺当电子商务产业园	陕西省	铜川市	耀州区	—
14	耀州区电子商务物流园区	陕西省	铜川市	耀州区	4
15	宝鸡市云电商产业园	陕西省	宝鸡市	渭滨区	102
16	金台区电子商务产业园	陕西省	宝鸡市	金台区	292
17	扶风县电子商务孵化园	陕西省	宝鸡市	扶风县	—
18	千阳县电子商务产业园	陕西省	宝鸡市	千阳县	6
19	咸阳市电子商务创业孵化基地	陕西省	咸阳市	秦都区	43
20	泾阳县电商产业园	陕西省	咸阳市	泾阳县	—
21	咸阳市云端数字产业园	陕西省	咸阳市	秦都区	46
22	咸阳市农产品电子商务产业园	陕西省	咸阳市	秦都区	18
23	电子商务产业基地	陕西省	咸阳市	秦都区	1
24	杨凌现代农业电子商务产业园	陕西省	咸阳市	杨凌区	1
25	杨凌区杨凌创业工场	陕西省	咸阳市	杨凌区	80
26	三原电子商务创业孵化中心	陕西省	咸阳市	三原县	25
27	乾县电子商务孵化基地	陕西省	咸阳市	乾县	4
28	乾县电子商务产业园	陕西省	咸阳市	乾县	9

续表

序号	园区名称	省份	城市	地区	企业数
29	永寿县电子商务中心	陕西省	咸阳市	永寿县	10
30	武功县电子商务创业孵化基地	陕西省	咸阳市	武功县	19
31	武功县工业园区电子商务产业园	陕西省	咸阳市	武功县	19
32	西北电子商务创业孵化园	陕西省	咸阳市	彬州市	—
33	渭南市区电子商务示范园	陕西省	渭南市	临渭区	8
34	电子商务培训孵化中心	陕西省	渭南市	大荔县	99
35	大荔联众惠民电子商务孵化基地	陕西省	渭南市	大荔县	4
36	大荔县电子商务创业园	陕西省	渭南市	大荔县	99
37	大荔县农产品电子商务产业园	陕西省	渭南市	大荔县	32
38	合阳电子商务产业园	陕西省	渭南市	合阳县	5
39	蒲城县电子商务工业园	陕西省	渭南市	蒲城县	5
40	居家乐电子商务物流产业园	陕西省	渭南市	白水县	—
41	电子商务创业园	陕西省	渭南市	富平县	40
42	电子商务孵化创业实训基地	陕西省	渭南市	韩城市	5
43	富县电子商务孵化基地	陕西省	延安市	富县	6
44	中国洛川电子商务园区	陕西省	延安市	洛川县	18
45	江南电子商务产业园区 6 号馆	陕西省	汉中市	南郑区	—
46	洋县电商扶贫创业孵化园	陕西省	汉中市	洋县	57
47	勉县电子商务产业孵化园	陕西省	汉中市	勉县	28
48	镇巴电子商务产业园	陕西省	汉中市	镇巴县	3
49	榆林实体产业电子商务基地	陕西省	榆林市	榆阳区	—
50	榆林定边县电子商务产业园	陕西省	榆林市	定边县	1
51	定边县电子商务产业园	陕西省	榆林市	定边县	21
52	米脂县电子商务孵化中心	陕西省	榆林市	米脂县	2
53	紫阳县电子商务智慧物流产业园	陕西省	安康市	紫阳县	6
54	平利县电子商务创业孵化中心	陕西省	安康市	平利县	—
55	旬阳县电子商务孵化园	陕西省	安康市	旬阳县	45
56	白河县电子商务创业孵化基地	陕西省	安康市	白河县	—

资料来源：前瞻网数据经整理得出。

附录D　中国各省（市）跨境电子商务综合试验区

所属地区	数量（个）	名称	获批时间	批次
浙江省	12	中国（杭州）跨境电子商务综合试验区	2015年3月7日	第一批
		中国（宁波）跨境电子商务综合试验区	2016年1月6日	第二批
		中国（义乌）跨境电子商务综合试验区	2018年7月24日	第三批
		中国（温州）跨境电子商务综合试验区	2019年12月24日	第四批
		中国（绍兴）跨境电子商务综合试验区		
		中国（湖州）跨境电子商务综合试验区	2020年4月27日	第五批
		中国（嘉兴）跨境电子商务综合试验区		
		中国（衢州）跨境电子商务综合试验区		
		中国（台州）跨境电子商务综合试验区		
		中国（丽水）跨境电子商务综合试验区		
		中国（金华）跨境电子商务综合试验区	2022年1月22日	第六批
		中国（舟山）跨境电子商务综合试验区		
河南省	5	中国（郑州）跨境电子商务综合试验区	2016年1月6日	第二批
		中国（洛阳）跨境电子商务综合试验区	2019年12月24日	第四批
		中国（南阳）跨境电子商务综合试验区	2020年4月27日	第五批
		中国（焦作）跨境电子商务综合试验区	2022年11月24日	第七批
		中国（许昌）跨境电子商务综合试验区	2022年11月24日	第七批
天津市	1	中国（天津）跨境电子商务综合试验区	2016年1月6日	第二批
上海市	1	中国（上海）跨境电子商务综合试验区	2016年1月6日	第二批
重庆市	1	中国（重庆）跨境电子商务综合试验区	2016年1月6日	第二批
安徽省	6	中国（合肥）跨境电子商务综合试验区	2016年1月6日	第二批
		中国（芜湖）跨境电子商务综合试验区	2019年12月24日	第四批
		中国（安庆）跨境电子商务综合试验区	2020年4月27日	第五批
		中国（马鞍山）跨境电子商务综合试验区	2022年1月22日	第六批
		中国（宣城）跨境电子商务综合试验区		
		中国（蚌埠）跨境电子商务综合试验区	2022年11月24日	第七批

续表

所属地区	数量（个）	名称	获批时间	批次
广东省	21	中国（广州）跨境电子商务综合试验区	2016 年 1 月 6 日	第二批
		中国（深圳）跨境电子商务综合试验区	2016 年 1 月 6 日	第二批
		中国（珠海）跨境电子商务综合试验区	2018 年 7 月 24 日	第三批
		中国（东莞）跨境电子商务综合试验区	2018 年 7 月 24 日	第三批
		中国（汕头）跨境电子商务综合试验区	2019 年 12 月 24 日	第四批
		中国（佛山）跨境电子商务综合试验区		
		中国（梅州）跨境电子商务综合试验区	2020 年 4 月 27 日	第五批
		中国（惠州）跨境电子商务综合试验区		
		中国（中山）跨境电子商务综合试验区		
		中国（江门）跨境电子商务综合试验区		
		中国（湛江）跨境电子商务综合试验区		
		中国（茂名）跨境电子商务综合试验区		
		中国（肇庆）跨境电子商务综合试验区		
		中国（韶关）跨境电子商务综合试验区		
		中国（汕尾）跨境电子商务综合试验区	2022 年 1 月 22 日	第六批
		中国（河源）跨境电子商务综合试验区		
		中国（阳江）跨境电子商务综合试验区		
		中国（清远）跨境电子商务综合试验区		
		中国（潮州）跨境电子商务综合试验区		
		中国（揭阳）跨境电子商务综合试验区		
		中国（云浮）跨境电子商务综合试验区		
四川省	8	中国（成都）跨境电子商务综合试验区	2016 年 1 月 6 日	第二批
		中国（泸州）跨境电子商务综合试验区	2019 年 12 月 24 日	第四批
		中国（德阳）跨境电子商务综合试验区	2020 年 4 月 27 日	第五批
		中国（绵阳）跨境电子商务综合试验区		
		中国（南充）跨境电子商务综合试验区	2022 年 1 月 22 日	第六批
		中国（眉山）跨境电子商务综合试验区		
		中国（宜宾）跨境电子商务综合试验区	2022 年 11 月 24 日	第七批
		中国（达州）跨境电子商务综合试验区	2022 年 11 月 24 日	第七批

续表

所属地区	数量（个）	名称	获批时间	批次
辽宁省	6	中国（大连）跨境电子商务综合试验区	2016 年 1 月 6 日	第二批
		中国（沈阳）跨境电子商务综合试验区	2018 年 7 月 24 日	第三批
		中国（抚顺）跨境电子商务综合试验区	2019 年 12 月 24 日	第四批
		中国（营口）跨境电子商务综合试验区	2020 年 4 月 27 日	第五批
		中国（盘锦）跨境电子商务综合试验区		
		中国（鞍山）跨境电子商务综合试验区	2022 年 11 月 24 日	第七批
山东省	16	中国（青岛）跨境电子商务综合试验区	2016 年 1 月 6 日	第二批
		中国（威海）跨境电子商务综合试验区	2018 年 7 月 24 日	第三批
		中国（济南）跨境电子商务综合试验区	2019 年 12 月 24 日	第四批
		中国（烟台）跨境电子商务综合试验区		
		中国（东营）跨境电子商务综合试验区	2020 年 4 月 27 日	第五批
		中国（潍坊）跨境电子商务综合试验区		
		中国（临沂）跨境电子商务综合试验区		
		中国（淄博）跨境电子商务综合试验区	2022 年 1 月 22 日	第六批
		中国（日照）跨境电子商务综合试验区		
		中国（枣庄）跨境电子商务综合试验区	2022 年 11 月 24 日	第七批
		中国（济宁）跨境电子商务综合试验区	2022 年 11 月 24 日	第七批
		中国（泰安）跨境电子商务综合试验区	2022 年 11 月 24 日	第七批
		中国（德州）跨境电子商务综合试验区	2022 年 11 月 24 日	第七批
		中国（聊城）跨境电子商务综合试验区	2022 年 11 月 24 日	第七批
		中国（滨州）跨境电子商务综合试验区	2022 年 11 月 24 日	第七批
		中国（菏泽）跨境电子商务综合试验区	2022 年 11 月 24 日	第七批
江苏省	13	中国（苏州）跨境电子商务综合试验区	2016 年 1 月 6 日	第二批
		中国（南京）跨境电子商务综合试验区	2018 年 7 月 24 日	第三批
		中国（无锡）跨境电子商务综合试验区		
		中国（徐州）跨境电子商务综合试验区	2019 年 12 月 24 日	第四批
		中国（南通）跨境电子商务综合试验区		
		中国（常州）跨境电子商务综合试验区	2020 年 4 月 27 日	第五批
		中国（连云港）跨境电子商务综合试验区		
		中国（淮安）跨境电子商务综合试验区		
		中国（盐城）跨境电子商务综合试验区		

续表

所属地区	数量（个）	名称	获批时间	批次
江苏省	13	中国（宿迁）跨境电子商务综合试验区	2020 年 4 月 27 日	第五批
		中国（扬州）跨境电子商务综合试验区	2022 年 1 月 22 日	第六批
		中国（镇江）跨境电子商务综合试验区		
		中国（泰州）跨境电子商务综合试验区		
北京市	1	中国（北京）跨境电子商务综合试验区	2018 年 7 月 24 日	第三批
内蒙古自治区	5	中国（呼和浩特）跨境电子商务综合试验区	2018 年 7 月 24 日	第三批
		中国（赤峰）跨境电子商务综合试验区	2019 年 12 月 24 日	第四批
		中国（满洲里）跨境电子商务综合试验区	2020 年 4 月 27 日	第五批
		中国（鄂尔多斯）跨境电子商务综合试验区	2022 年 1 月 22 日	第六批
		中国（包头）跨境电子商务综合试验区	2022 年 11 月 24 日	第七批
吉林省	4	中国（长春）跨境电子商务综合试验区	2018 年 7 月 24 日	第三批
		中国（珲春）跨境电子商务综合试验区	2019 年 12 月 24 日	第四批
		中国（吉林市）跨境电子商务综合试验区	2020 年 4 月 27 日	第五批
		中国（延吉）跨境电子商务综合试验区	2022 年 11 月 24 日	第七批
黑龙江省	4	中国（哈尔滨）跨境电子商务综合试验区	2018 年 7 月 24 日	第三批
		中国（绥芬河）跨境电子商务综合试验区	2019 年 12 月 24 日	第四批
		中国（黑河）跨境电子商务综合试验区	2020 年 4 月 27 日	第五批
		中国（同江）跨境电子商务综合试验区	2022 年 11 月 24 日	第七批
江西省	9	中国（南昌）跨境电子商务综合试验区	2018 年 7 月 24 日	第三批
		中国（赣州）跨境电子商务综合试验区	2019 年 12 月 24 日	第四批
		中国（九江）跨境电子商务综合试验区	2020 年 4 月 27 日	第五批
		中国（景德镇）跨境电子商务综合试验区	2022 年 1 月 22 日	第六批
		中国（上饶）跨境电子商务综合试验区		
		中国（萍乡）跨境电子商务综合试验区	2022 年 11 月 24 日	第七批
		中国（新余）跨境电子商务综合试验区	2022 年 11 月 24 日	第七批
		中国（宜春）跨境电子商务综合试验区	2022 年 11 月 24 日	第七批
		中国（吉安）跨境电子商务综合试验区	2022 年 11 月 24 日	第七批

续表

所属地区	数量（个）	名称	获批时间	批次
湖北省	6	中国（武汉）跨境电子商务综合试验区	2018 年 7 月 24 日	第三批
		中国（黄石）跨境电子商务综合试验区	2019 年 12 月 24 日	第四批
		中国（宜昌）跨境电子商务综合试验区	2020 年 4 月 27 日	第五批
		中国（襄阳）跨境电子商务综合试验区	2022 年 1 月 22 日	第六批
		中国（衡阳）跨境电子商务综合试验区	2022 年 11 月 24 日	第七批
		中国（株洲）跨境电子商务综合试验区	2022 年 11 月 24 日	第七批
湖南省	4	中国（长沙）跨境电子商务综合试验区	2018 年 7 月 24 日	第三批
		中国（岳阳）跨境电子商务综合试验区	2019 年 12 月 24 日	第四批
		中国（湘潭）跨境电子商务综合试验区	2020 年 4 月 27 日	第五批
		中国（郴州）跨境电子商务综合试验区		
广西壮族自治区	4	中国（南宁）跨境电子商务综合试验区	2018 年 7 月 24 日	第三批
		中国（崇左）跨境电子商务综合试验区	2020 年 4 月 27 日	第五批
		中国（柳州）跨境电子商务综合试验区	2022 年 11 月 24 日	第七批
		中国（贺州）跨境电子商务综合试验区	2022 年 11 月 24 日	第七批
海南省	2	中国（海口）跨境电子商务综合试验区	2018 年 7 月 24 日	第三批
		中国（三亚）跨境电子商务综合试验区	2020 年 4 月 27 日	第五批
贵州省	3	中国（贵阳）跨境电子商务综合试验区	2018 年 7 月 24 日	第三批
		中国（遵义）跨境电子商务综合试验区	2020 年 4 月 27 日	第五批
		中国（铜仁）跨境电子商务综合试验区	2022 年 11 月 24 日	第七批
云南省	4	中国（昆明）跨境电子商务综合试验区	2018 年 7 月 24 日	第三批
		中国（德宏）跨境电子商务综合试验区	2020 年 4 月 27 日	第五批
		中国（红河）跨境电子商务综合试验区	2022 年 1 月 22 日	第六批
		中国（大理）跨境电子商务综合试验区	2022 年 11 月 24 日	第七批
陕西省	3	中国（西安）跨境电子商务综合试验区	2018 年 7 月 24 日	第三批
		中国（延安）跨境电子商务综合试验区	2020 年 4 月 27 日	第五批
		中国（宝鸡）跨境电子商务综合试验区	2022 年 1 月 22 日	第六批
甘肃省	2	中国（兰州）跨境电子商务综合试验区	2018 年 7 月 24 日	第三批
		中国（天水）跨境电子商务综合试验区	2020 年 4 月 27 日	第五批

续表

所属地区	数量（个）	名称	获批时间	批次
福建省	8	中国（厦门）跨境电子商务综合试验区	2018 年 7 月 24 日	第三批
		中国（福州）跨境电子商务综合试验区	2019 年 12 月 24 日	第四批
		中国（泉州）跨境电子商务综合试验区		
		中国（漳州）跨境电子商务综合试验区	2020 年 4 月 27 日	第五批
		中国（莆田）跨境电子商务综合试验区		
		中国（龙岩）跨境电子商务综合试验区		
		中国（南平）跨境电子商务综合试验区	2022 年 11 月 24 日	第七批
		中国（宁德）跨境电子商务综合试验区	2022 年 11 月 24 日	第七批
河北省	5	中国（廊坊）跨境电子商务综合试验区	2022 年 11 月 24 日	第七批
		中国（沧州）跨境电子商务综合试验区		
		中国（唐山）跨境电子商务综合试验区	2018 年 7 月 24 日	第三批
		中国（石家庄）跨境电子商务综合试验区	2019 年 12 月 24 日	第四批
		中国（雄安新区） 跨境电子商务综合试验区	2020 年 4 月 27 日	第五批
山西省	3	中国（太原）跨境电子商务综合试验区	2019 年 12 月 24 日	第四批
		中国（大同）跨境电子商务综合试验区	2020 年 4 月 27 日	第五批
		中国（运城）跨境电子商务综合试验区	2022 年 11 月 24 日	第七批
青海省	2	中国（海东）跨境电子商务综合试验区	2019 年 12 月 24 日	第四批
		中国（西宁）跨境电子商务综合试验区	2020 年 4 月 27 日	第五批
宁夏回族自治区	1	中国（银川）跨境电子商务综合试验区	2019 年 12 月 24 日	第四批
新疆维吾尔自治区	4	中国（乌鲁木齐） 跨境电子商务综合试验区	2020 年 4 月 27 日	第五批
		中国（喀什）跨境电子商务综合试验区	2022 年 1 月 22 日	第六批
		中国（阿拉山口） 跨境电子商务综合试验区		
		中国（伊犁）跨境电子商务综合试验区	2022 年 11 月 24 日	第七批
西藏自治区	1	中国（拉萨）跨境电子商务综合试验区	2022 年 11 月 24 日	第七批
合计	165			

资料来源：中华人民共和国中央人民政府网数据经整理得出。

参考文献

[1]ANDERSON K, FRANCOIS J, MARTIN W, et al. Potential gains from trade reform in the new millennium[R]. Monash University, 2000: 27 – 30.

[2]BUSOTS. Trade liberalization, exports, and technology upgrading: Evidence on the impact of MERCOSUR on Argentinian Firms[J]. American economic review,2011(2):304 – 340.

[3] JUSTIN, YIF LIN, ROSENBLATTD. Shifting patterns of economic growth andrethinking development[J]. Journal of economic policy reform,2012(3):171 – 194.

[4]朱启荣. 中国外贸发展方式转变的实证研究[J]. 世界经济研究, 2011(12):65 – 70, 86.

[5]李小平. 环境友好、资源节约型外贸发展模式的比较分析:基于各省(市、区)的因子分析法视角[J]. 贵州财经学院学报,2012(4):1 – 8.

[6]王晨钟,施炳展. 基于改进的引力模型解析我国外贸发展的动因变化[J]. 世界经济研究, 2012(3):10.

[7]叶志东. 基于外部市场需求变化背景下的外贸发展方式转变与产业结构转型升级的思考[J]. 市场论坛,2012(7):95 – 96,102.

[8]杨静. 陕西省民办高校创新创业型跨境电商人才培养模式[J]. 电脑与电信,2020(4):1 – 4.

[9]陈希,彭羽,沈玉良. 贸易中间商培育与我国外贸发展方式的转变[J]. 国际贸易,2011(2): 10 – 13.

[10]洪联英,刘建江. 中国为什么难以转变外贸发展模式:一个微观

生产组织控制视角的分析[J]. 数量经济技术经济研究,2012(12):3-19,37.

[11]李子,杨坚争. 跨境电商对进出口贸易影响的实证分析[J]. 中国发展,2014(5):37-42.

[12]常成. 跨境电子商务与贸易增长的互动关系研究[D]. 沈阳:沈阳工业大学,2015.

[13]刘晋飞. 电子商务采纳与跨境电商企业成长:基于760家制造业跨境电商企业的实证研究[J]. 中国流通经济,2018(1):93-101.

[14]罗娜,罗乐娟. 基于"一带一路"的跨境电商对我国进出口贸易影响实证研究[J]. 商业经济研究,2018(20):134-136.

[15]马述忠,郭继文,张洪胜. 跨境电商的贸易成本降低效应:机理与实证[J]. 国际经贸探索,2019(5):69-85.

[16]郭海玲. 跨境电子商务信息资源服务体系的构建研究[J]. 经济论坛,2019(11):103-110.

[17]李芬娟,易海峰. 我国跨境电商发展现状、问题及其出口贸易效应研究:以我国对欧盟的出口贸易为例[J]. 商业经济研究,2019(17):138-141.

[18]李芳,杨丽华,梁含悦. 我国跨境电商与产业集群协同发展的机理与路径研究[J]. 国际贸易问题,2019(2):68-82.

[19]鞠雪楠,赵宣凯,孙宝文. 跨境电商平台克服了哪些贸易成本?——来自"敦煌网"数据的经验证据[J]. 经济研究,2020(2):181-196.

[20]朱贤强. 跨境电子商务对中国进出口贸易的影响[D]. 北京:对外经济贸易大学,2020.

[21]张夏恒,陈怡欣. 中国跨境电商综合试验区运行绩效评价[J]. 中国流通经济,2019(9):73-82.

[22]韦大宇,张建民. 中国跨境电商综合试验区建设成果与展望[J]. 国际贸易,2019(7):18-24.

[23]邓新杰,牛元帅. 杭州跨境电商出口贸易便利化发展的探索之

路[J]. 对外经贸实务,2018(11):21 - 24.

[24]李志兰,崔明明,胡铃. 引领网上丝绸之路　打造杭州跨境电商综试区升级版[J]. 金融世界,2018(4):124 - 125.

[25]郭建芳,刘颖. 杭州提升跨境电商物流业国际竞争力的路径研究:基于模糊层次分析法[J]. 中国商论,2017(12):5 - 7,21.

[26]张夏恒,李毅. 跨境电商促进双循环新发展格局构建逻辑与实施路径[J]. 河南社会科学,2021(10):30 - 36.

[27]贺慧芳. 跨境电子商务的多元市场价值链模型构建及推进策略[J]. 商业经济研究,2021(18):103 - 107.

[28]李丽,张兼芳,薛雯卓,等. 京津冀流通服务业发展:基于对"十三五"时期的总结[J]. 商业经济研究,2021(8):159 - 161.

[29]庞燕. 跨境电商服务供应链与服务集成商能力的提升[J]. 中国流通经济,2019(9):64 - 72.

[30]张衍斌. 以区块链技术构建中欧跨境电子商务生态圈[J]. 中国流通经济,2018(2):66 - 72.

[31]张士华. 基于协同学理论的跨境电商协同网络和演化路径探究[J]. 商业经济研究,2018(3):84 - 87.

[32]刘江伟. 跨境电商生态系统协同演化研究[D]. 长春:长春工业大学,2018.

[33]王子越. 全产业链跨境电商生态系统构建研究[D]. 杭州:浙江大学,2017.

[34]张兰生. 跨境电商生态系统协同演化的建模与分析[D]. 郑州:郑州大学,2020.

[35]杨静."一带一路"背景下我国内陆地区跨境电商发展竞争力评价与提升路径:基于 ANP - TOPSIS 模型[J]. 商业经济研究,2021(9):140 - 143.

[36]温丽琴,卢进勇,杨敏姣. 中国跨境电商物流企业国际竞争力的提升路径:基于 ANP - TOPSIS 模型的研究[J]. 经济问题,2019(9):45 - 52.

[37]毕凌燕,李紫忆,李丹丹. 我国省域跨境电商产业竞争力评价与聚类分析[J]. 商业经济研究,2019(14):78-81.

[38]杨继军,范从来. 刘易斯拐点、比较优势蝶化与中国外贸发展方式的选择[J]. 经济学家, 2012(2):22-29.

[39]杨静. 陕西民办高校跨境电商人才培养体系存在的问题及优化对策[J]. 微型电脑应用, 2020,36(2):57-60.

[40]杨静,刘婷. 我国跨境电商企业"海外仓"发展面临的问题及策略研究[J]. 现代商贸工业,2019,40(35):48-49.

[41]王香怡. 中国跨境电商试验区发展现状与经验:以广州跨境电商综合试验区为例[J]. 对外经贸,2017(9):91-92.

[42]赵雪松,罗美娟. 我国自贸试验区跨境电商与产业集群融合发展模式及路径研究[J]. 对外经贸实务,2021(7):40-42.

[43]白东蕊. 跨境电商试验区通关便利化的创新实践路径[J]. 对外经贸实务,2020(12):37-40.

[44]陈建超,孙杰. 跨境电商试验区大发展背景下的从业人员水平提升路径研究[J]. 商展经济,2020(4):93-95.

[45]王威,李铁峰. 面向黑龙江自贸试验区的跨境电商人才培养模式改革研究[J]. 黑龙江教师发展学院学报,2021(2):151-153.

[46]陈佩. 高职院校跨境电商人才培养模式研究:面向湖南自贸试验区长沙片区建设[J]. 农村经济与科技,2021(18):140-142.

[47]张得银,徐羽燕. 连云港自由贸易试验区跨境电商海外仓建设研究[J]. 物流工程与管理,2022(4):68-70.

[48]丁俊萍,李泽鑫,王欣. 武汉自贸试验区党建探析[J]. 长江论坛,2020(6):32-37.

[49]李耀华. 郑州跨境电商试验区人才需求与培养研究[J]. 合作经济与科技,2021(20):114-115.

[50]孙宏岭,刘雨平. 陕西物流园区建设与发展问题研究[J]. 物流工程与管理,2016,38(3):44-46.

[51]覃娟,罗涛. 物流效率对全要素生产率的影响研究[J]. 中国商

论,2022(18):53－56.

[52]林敏晖. 跨境电商平台退货物流效率提升研究[J]. 全国流通经济,2020(11):29－30.

[53]杨军,王厚俊,杨春. 我国城镇化对农产品物流效率的影响[J]. 农业技术经济,2011(10):63－68.

[54]黄晶敏,张浩. 跨境电商平台退货物流效率提升策略研究[J]. 经济研究导刊,2022(12):141－143.

[55]陶倩,霍青梅."共享生态"下的城市服务冷链物流园区发展[J]. 物流技术与应用,2018(5):153－155.

[56]冯时,范国军,林塘焜,等. 基于省级冷链骨干网物流园布局规划分析[J]. 中国物流与采购,2022(15):109－112.

[57]龚琳玲. 农产品生鲜电商冷链物流包装的问题与对策[J]. 物流科技,2019(10):66－67.

[58]林芳. 生鲜电商冷链物流包装技术分析[J]. 商场现代化,2019(11):109－112.

[59]黄琳琳. 中小外贸企业与跨境电商平台协同演化机理研究[D]. 南宁:广西大学,2018.

[60]汤喆轶. 中小企业与跨境电商平台协同演化博弈研究[D]. 南宁:广西大学,2018.

[61]彭哨. 我国跨境电商平台发展中的问题与对策[J]. 合作经济与科技,2019(7):103－105.

[62]王娜. 传统外贸向跨境电商转型的路径研究[J]. 经贸实践,2018(2):218.

索引

Z